한권 한달 완성
스페인어 말하기

Lv. 1

한권 한달 완성
스페인어 말하기 Lv. 1

초판 1쇄 발행 2024년 8월 27일

지은이 이세미
펴낸곳 (주)에스제이더블유인터내셔널
펴낸이 양홍걸 이시원

홈페이지 www.siwonschool.com
주소 서울시 영등포구 영신로 166 시원스쿨
교재 구입 문의 02)2014-8151
고객센터 02)6409-0878

ISBN 979-11-6150-880-1 13770
Number 1-511104-26269921-09

한권 한달 완성
스페인어 말하기 Lv. 1

이세미(Semi) 지음

SIWON
SCHOOL
SPANISH

S 시원스쿨닷컴

머리말

이세미

¡Hola, chicos! 올라 치꼬쓰!

안녕하세요, 여러분!

스페인어를 배우기로 결심하신 여러분, 환영합니다.

학생분들이 저에게 가장 궁금해하시는 것이 스페인어와 저의 인연이에요. 현지에서 유년 시절을 보낸 것도, 대학교에서 전공한 것도 아닌데 어떻게 스페인어를 만나 가르치는 일까지 하게 되었냐고 의아해하는 분들이 많더라고요. 저도 이 글을 읽고 계신 대다수의 여러분과 같아요. 여행을 위해 배우기 시작했어요.

대학 시절 혼자 중남미 여행을 떠나려는데 그곳에서는 영어가 다른 나라만큼 통용되지 않는다는 이야기에 바로 강남의 한 스페인어 학원에 등록했어요. 그렇게 한두 달 정도 배우고 자신감에 차 콜롬비아에 도착했는데, 웬걸, 현지인들이 얼마나 말이 빠르던지 하나도 알아듣지 못하겠더라고요. 그런데 그들의 친화력도 말만큼 빠르지 뭐예요. 다니는 지역마다 스페인어도 못하는 저를 온 마음으로 도와주는 사람들을 보고 다짐했어요. 이 언어는 꼭 해내고야 말겠다! 그 여행은 원래 90일짜리였으나 어학원, 대학교 어학당 등을 다니며 스페인어를 배우느라 500일로 늘어났어요.

그 이후로 10년이 지났네요. 10년 동안 스페인어를 꾸준히 배우고 가르치기도 하면서 저는 한국인이 배우고 싶어 하는 스페인어 그리고 우리가 어려워하는 스페인어를 알게 되었어요.

저도 이 책을 구매한 여러분처럼 알파벳부터 배웠으니 어느 부분을 어려워할지, 어디에서 답답함을 느낄지 안다고 자부할 수 있어요. 그래서 이 교재는 한국인의 눈높이에 맞추어 최대한 깔끔한 설명과 함께 이해하기 쉽도록 만들었습니다.

또한 이 책은 실용성에 초점을 맞추고 내용을 구성했어요. 가벼운 마음으로 스페인어를 배우려고 했는데 막상 장황한 문법 설명으로 가득찬 교재를 보고 지레 겁을 먹은 경험, 여러분도 있으시죠? 그래서 〈한권 한달 완성 스페인어〉 교재에서는 이런 것들은 최소화했습니다. 백과사전처럼 빽빽한 설명은 빼고 초보자를 위한 생활 속 '진짜 회화'를 최대한 담아냈어요.

덧붙여 매 과는 효율적인 학습을 위한 순서로 구성되어 있어요. 첫 페이지에서 제목과 배우게 될 내용을 먼저 확인한 후, 해당 과에서 반드시 기억해야 할 문장들도 오늘의 미션을 통해 먼저 훑어보세요. 그 다음에 오늘의 회화를 통해 가벼운 대화를 읽고 외워보세요. 유용한 표현이 많아 이 부분만 잘 익혀 두면 회화는 두렵지 않을 거예요. 물론 오늘의 회화에 쓰인 문법은 오늘의 핵심 표현에서 학습할 수 있습니다. 보기 쉽게 정리된 표로 꼭 알아야 할 문법만 쏙쏙 뽑아 정리해 두었어요. 다양한 응용 예문과 함께 공부한 후, 오늘의 Plus+ 실전 회화에서 더 다양한 대화문으로 회화 실력을 업그레이드할 수 있어요.

게다가 '내가 잘 이해한 것이 맞나?'라는 의심이 든다면 연습문제를 통해 확인하고 내 것으로 만들 수도 있죠. 부담스럽지 않은 양으로 매 과를 마치는데 오랜 시간 걸리지 않아 성취감도 느낄 수 있을 거예요. 마지막으로 쉬어가기에서 스페인의 여러 가지 문화와 다양한 여행 팁도 얻어가고, 다양한 퀴즈를 통해 어휘 실력도 더 키워 보세요.

스페인어를 배우기로 결심하고 이 교재를 구매한 것만 해도 아주 멋진 일이에요. 시작이 반이라는 말도 있으니까요. 하지만 작심삼일이라는 말도 있죠? 여러분의 책장에도 하루 이틀 보다가 그만둔 책들이 있을 거예요. 이왕 배우기로 마음먹은 거 30일 동안, 딱 한 달만 꾸준히 펼쳐 주세요. 하면 할수록 더 재밌을 거라 장담합니다. 그리고 이 책을 마친 후 새로운 언어를 하나 더 할 수 있게 된 대단한 여러분들 상상해 보세요. 두근거리고 설레지 않나요?

자, 그럼 시작해 봅시다. 저도 여러분을 온 마음 다해 응원하겠습니다!

이 책의 구성과 특징

오늘의 주제

해당 Capítulo에서 배우게 될 내용을 먼저 확인하면서 스페인어 학습을 준비해 볼까요? 각 Capítulo에서 반드시 기억해야 할 문장들도 오늘의 미션에서 먼저 확인한 후, 여러분이 배우게 될 스페인어 문장들도 미리 예상해 보세요!

오늘의 회화

일상생활에서 자주 쓰이는 표현을 익히고 기초 회화 실력을 탄탄하게 쌓는 코너입니다. 먼저 대화문에서 각 Capítulo의 핵심 문장을 눈으로 읽고, 세미 선생님이 알려주는 스페인어 회화 팁을 회화 포인트에서 확인해 보세요.

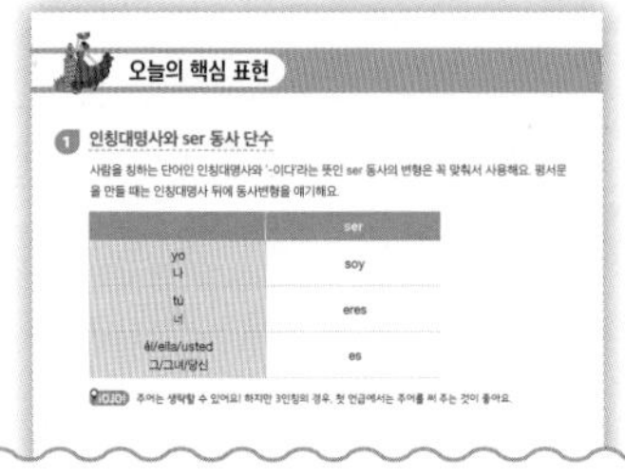

오늘의 핵심 표현

스페인어 문법, 어렵지 않아요! 보기 쉽게 정리된 표로 꼭 알아야 할 문법만 알려드립니다. 다양한 응용 예문을 따라 읽다보면 어느새 스페인어 기초 문형을 마스터하게 될 거예요. 헷갈리기 쉬운 부분은 ¡OJO! 에서 한번 더 짚어 드려요!

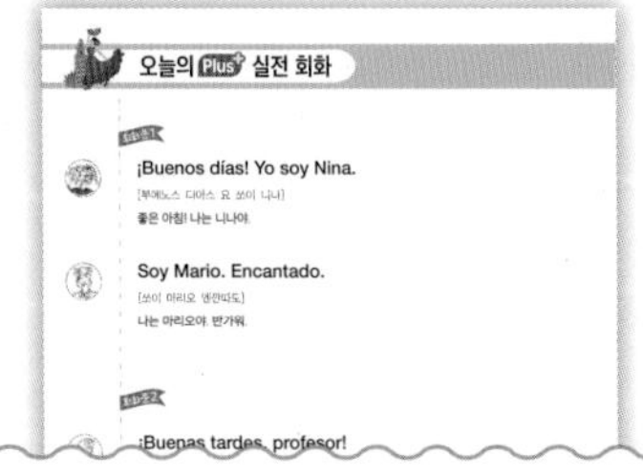

오늘의 Plus+ 실전 회화

실제 대화 상황에 대비할 수 있도록 각 Capítulo의 주요 문형으로 다양한 회화문을 구성하였습니다. 네이티브 성우가 녹음한 MP3를 듣고, 자연스러운 회화 톤을 살려 말하는 연습을 해 보세요. 이것만은 꼭! 에서 해당 과의 미션 문장을 확인해 보는 것도 잊지 마세요!

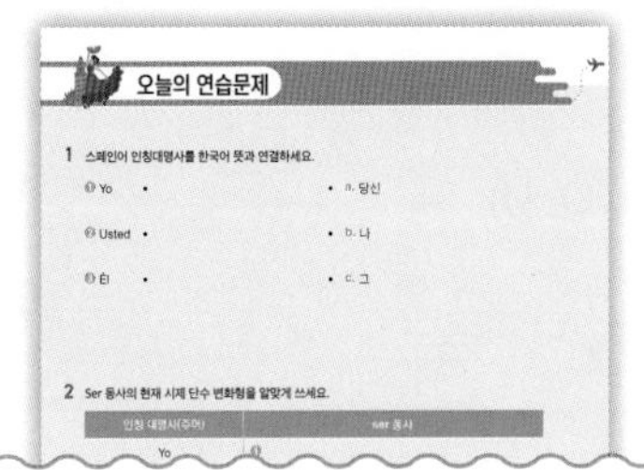

오늘의 연습문제

각 Capítulo에서 다룬 핵심 어휘와 문형에 대한 이해도를 점검하는 연습문제를 제공합니다. 제시된 문제에 적절한 답을 찾는 과정을 통해 스스로 얼마나 완벽하게 학습 내용을 이해했는지 확인해 보세요.

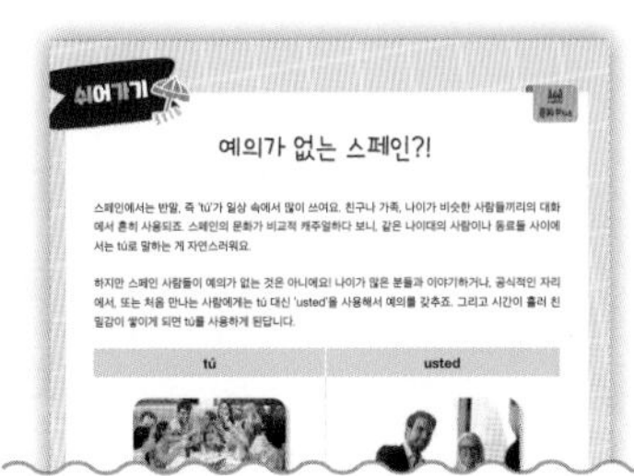

쉬어가기

스페인의 여러 가지 문화를 접하고, 여행 팁도 얻을 수 있는 코너입니다. 그리고 여러분의 스페인어 수준을 한층 높여줄 추가 어휘와 다양한 퀴즈까지 제공하니, 재미와 실력을 동시에 챙겨 보세요.

미션 문장 쓰기 노트, 필수 동사 변화표

본 교재에서 다룬 미션 문장과 필수 동사 변화표를 PDF로 제공합니다. 배운 내용을 PDF로 복습하면서 스페인어 실력을 탄탄하게 다져보세요.

원어민 성우 무료 MP3 파일

원어민 성우의 정확한 발음을 듣고 따라하며 본 교재의 내용을 반복 연습할 수 있도록 무료 MP3 파일을 제공합니다.

저자 직강 동영상 강의

독학을 위한 저자 직강 유료 동영상 강의와 말하기 트레이닝 무료 강의를 제공합니다.

*저자 직강 유료 동영상 강의는 spain.siwonschool.com에서 확인하세요.

차례

 ¡Hola! → 안녕하세요!

오늘의 주제 스페인어의 다섯 가지 모음 **A**, **E**, **I**, **O**, **U** 알아보기

A [아]	**hola** [올라] 안녕	**chao** [차오] 잘 가
E [에]	**vale** [발레] 알겠어	**eee** [에...] 음···
I [이]	**idea** [이데아] 생각, 아이디어	**sí** [씨] 응, 네
O [오]	**oye** [오예] 얘!	**ostras** [오스뜨라스] 굴들
U [우]	**guapo** [구아뽀] 잘생긴	**uy** [우이] 앗, 엇

¡OJO! 여성에게 '예쁜'이라고 표현하고 싶다면 guapa.

MP3 전체 듣기

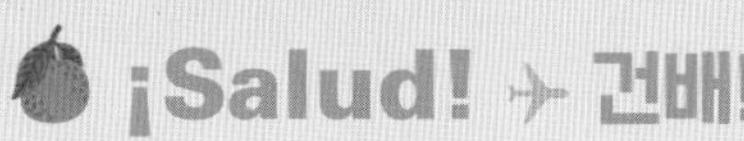

¡Salud! → 건배!

오늘의 주제 스페인어의 자음 중 **B**, **C**, **D**, **F**에 대해 알아보기

B [베]	**bebé** [베베] 아기	**bonito** [보니또] 예쁜

C [쎄]	**casa** [까싸] 집	**Corea** [꼬레아] 한국
	culo [꿀로] 엉덩이	
	cerveza [쎄르베싸] 맥주	**gracias** [그라씨아스] 감사합니다

¡OJO! 자음 C는 뒤에 오는 모음에 따라 두 가지 소리(ㄲ, ㅆ)가 납니다.

CH [ㅊ]	**mucho** [무초] 많은, 많이	**chupar** [추빠르] 빨다

D [데]	**vida** [비다] 인생	**Madrid** [마드릳] 마드리드

F [에페]	**familia** [파밀리아] 가족	**fiesta** [피에스따] 파티

¡Genial! → 훌륭해!

오늘의 주제 스페인어의 자음 중 **G**, **H**, **J**, **K**에 대해 알아보기

G [헤]	**Gaudí** [가우디] 가우디	**amigo** [아미고] 친구
	guapo [구아뽀] 잘생긴	**genial** [헤니알] 훌륭한
	gimnasio [힘나씨오] 헬스장	
	Miguel [미겔] 미겔	**guiri** [기리] 외국인
	güey [구에이] 얘	**pingüino** [삥구이노] 펭귄

¡OJO! 자음 G는 뒤에 오는 모음에 따라 두 가지 소리(ㄱ, ㅎ)가 납니다.

H [아체]	**hola** [올라] 안녕	**helado** [엘라도] 아이스크림

J [호따]	**mojito** [모히또] 모히또	**jajaja** [하하하] ㅋㅋㅋㅋ

K [까]	**kétchup** [껫춥] 케첩	**kiwi** [끼위] 키위

 ¿Cómo se llama? → 이름이 뭐예요?

오늘의 주제 스페인어의 자음 중 **L**, **Ll**, **M**, **N**, **Ñ**에 대해 알아보기

L [엘레]	**él** [엘] 그	**algo** [알고] 무언가
Ll [에예]	**me llamo** [메 야모] 제 이름은	**lleno** [예노] 가득 찬
M [에메]	**mi** [미] 나의	**madre mía** [마드레 미아] 세상에나
N [에네]	**novio** [노비오] 남자친구	**ni** [니] ~도 아닌
Ñ [에녜]	**español** [에스빠뇰] 스페인어	**mañana** [마냐나] 내일

Perdona... → 저기...

오늘의 주제 스페인어의 자음 중 **P**, **Q**, **R**, **S**, **T**에 대해 알아보기

P [뻬]	padre [빠드레] 아버지	súper [쑤뻬르] 매우

Q [꾸]	qué [께] 무엇	tiqui-taca [띠끼따까] 티키타카

R [에레]	rico [리꼬] 맛있는	perro [뻬로] 강아지
	pero [뻬로] 그러나	por favor [뽀르 파보르] 부탁합니다

S [에쎄]	casa [까싸] 집	casas [까싸스] 집들

T [떼]	tu [뚜] 너의	tú [뚜] 너

¡Vamos! → 가자!

오늘의 주제 스페인어의 자음 중 **V**, **W**, **X**, **Y**, **Z**에 대해 알아보기

V [우베]	**vale** [발레] 알았어	**venga** [벵가] 알았어, 어서
W [우베도블레]	**wifi** [위피] 와이파이	**Hawái** [아와이] 하와이
X [에끼스]	**ex** [엑스] 전 연인	**exacto** [엑싹또] 정확한
Y [예]	**y** [이] 그리고	**yo** [요] 나
Z [쎄따]	**zumo** [쑤모] 주스	**golazo** [골라쏘] 멋진 골

Preparación 07

Seúl → 서울

오늘의 주제 강세규칙에 따라 읽으며 높낮이를 주는 법 학습하기

❶ 모음/S/N으로 끝나면 뒤에서 두 번째 모음 강세

vida	vamos	examen

❷ 나머지 자음으로 끝나면 뒤에서 첫 번째 모음 강세

salud	genial	por favor

❸ Tilde (´) 강세

bebé	así	Seúl

❹ 이중모음

gracias	gimnasio

 ¡Encantado! → 만나서 반가워요!

오늘의 주제 만났을 때 하는 인사말 학습하기

❶ 인사하기

¡Hola! [올라]	안녕!
¡Buenos días! [부에노스 디아스]	좋은 아침이에요!
¡Buenas tardes! [부에나스 따르데스]	좋은 오후예요!
¡Buenas noches! [부에나스 노체스]	좋은 밤이에요!

❷ 안부 묻고 답하기

¿Cómo estás? [꼬모 에쓰따스]	너는 어떻게 지내?
¿Qué tal? [께 딸]	잘 지내? 왓 쌉?
Estoy bien. [에스또이 비엔]	난 잘 지내.

❸ 이름 말하기

¿Cómo te llamas? [꼬모 떼 야마스]	네 이름이 뭐야?
Me llamo Semi. [메 야모 쎄미]	내 이름은 세미야.

❹ 반가움 표현하기

Encantado/a. [엔깐따도/다]	반가워요.
Mucho gusto. [무초 구스또]	반가워요.

 ¡Hasta luego! → 다음에 봐!

오늘의 주제 헤어질 때 하는 인사말 학습하기

❶ 헤어지는 인사하기

¡Chao! [차오]	잘 가!
¡Adiós! [아디오스]	잘 가!
¡Hasta luego! [아스따 루에고]	다음에 봐!
¡Hasta mañana! [아스따 마냐나]	내일 봐!

❷ 상황별 인사하기

¡Buena suerte! [부에나 쑤에르떼]	행운을 빌어!
¡Buen viaje! [부엔 비아헤]	좋은 여행하기를!
¡Buen camino! [부엔 까미노]	좋은 길 걷기를!

 ¡Muchas gracias! → 정말 고마워!

오늘의 주제 감사 / 축하 / 사과의 마음 전하는 표현 학습하기

❶ 감사하기

¡Gracias! [그라씨아스]	고마워!
¡Muchas gracias! [무차스 그라씨아스]	정말 고마워!
De nada. [데 나다]	천만에.

❷ 축하하기

¡Felicidades! [펠리씨다데스]	축하해!
¡Feliz cumpleaños! [펠리스 꿈쁠레아뇨스]	생일 축하해!

❸ 사과하기

Perdón. [뻬르돈]	미안해.
Lo siento. [로 씨엔또]	미안해, 유감이야.
No pasa nada. [노 빠싸 나다]	아무것도 아니야.

Capítulo 01

Soy Semi.

나는 세미야.

오늘의 주제

- ✓ 인칭대명사와 ser 동사 단수
- ✓ 이름 말하기
- ✓ 직업 말하기

오늘의 미션

- ✓ 그는 내 전 남친이야.
- ✓ 그녀는 선생님이야.
- ✓ 나는 원래 그래.

MP3 전체 듣기

오늘의 회화

¡Hola! Me llamo Semi. Encantada.

[올라 메 야모 쎄미 엔깐따다]

Mucho gusto. Soy Jaime. Soy profesor.

[무초 구스또 쏘이 하이메 쏘이 쁘로페쏘르]

F 안녕! 내 이름은 세미야. 반가워.

M 반가워. 나는 하이메야. 나는 선생님이야.

어휘

□ estudiante [에스뚜디안떼] 학생
□ profesor/profesora [쁘로페쏘르/쁘로페쏘라] 선생님
□ mi [미] 나의
□ ex [엑스] 전 연인

회화 포인트

'Mucho gusto.'는 변형 없이 사용하지만, 'Encantado/a.'는 말하는 사람의 성에 맞춰 사용해요. 내가 남자면, 'Encantado.', 내가 여자면, 'Encantada.'라고 해요.

오늘의 핵심 표현

1 인칭대명사와 ser 동사 단수

사람을 칭하는 단어인 인칭대명사와 '-이다'라는 뜻인 ser 동사의 변형은 꼭 맞춰서 사용해요. 평서문을 만들 때는 인칭대명사 뒤에 동사변형을 얘기해요.

	ser
yo 나	soy
tú 너	eres
él/ella/usted 그/그녀/당신	es

¡OJO! 주어는 생략할 수 있어요! 하지만 3인칭의 경우, 첫 언급에서는 주어를 써 주는 것이 좋아요.

2 ser 동사로 이름 말하기

주어 + ser 동사 + 이름

(Yo) soy Semi. 나는 세미야.
[요 쏘이 쎄미]

(Tú) eres Alejandro. 너는 알레한드로야.
[뚜 에레스 알레한드로]

(Ella) es Sandra. 그녀는 산드라야.
[에야 에스 싼드라]

3 ser 동사로 직업 말하기

주어 + ser 동사 + 직업

(Tú) eres estudiante. 너는 학생이야.
[뚜 에레스 에스뚜디안떼]

(Él) es profesor. 그는 선생님이야.
[엘 에스 쁘로페쏘르]

(Ella) es profesora. 그녀는 선생님이야.
[에야 에스 쁘로페쏘라]

(Usted) es profesor/profesora. 당신은 선생님이에요.
[우스뗃 에스 쁘로페쏘르/쁘로페쏘라]

¡OJO! estudiante는 양성명사로 남성형, 여성형 구분 없이 사용해요.

오늘의 Plus 실전 회화

¡Buenos días! Yo soy Nina.

[부에노스 디아스 요 쏘이 니나]

좋은 아침! 나는 니나야.

Soy Mario. Encantado.

[쏘이 마리오 엔깐따도]

나는 마리오야. 반가워.

¡Buenas tardes, profesor!

[부에나스 따르데스 쁘로페쏘르]

좋은 오후예요, 선생님!

Yo soy estudiante.

[요 쏘이 에스뚜디안떼]

나는 학생이야.

¡Hola! Yo soy profesora.

[올라 요 쏘이 쁘로페쏘라]

안녕하세요! 제가 선생님이에요.

¡Tú eres Daniela! ¿Qué tal, amiga?

[뚜 에레스 다니엘라 께 딸 아미가]

너는 다니엘라지! 왓 썹, 친구?

Sí, yo soy Daniela. Soy profesora.

[씨 요 쏘이 다니엘라 쏘이 쁘로페쏘라]

응, 나는 다니엘라야. 나는 선생님이야.

Uy, perdón.

[우이 뻬르돈]

앗, 죄송해요.

No pasa nada.

[노 빠싸 나다]

괜찮아.

이것만은 꼭!

★ 그는 내 전 남친이야.

(Él) es mi ex.

[엘 에스 미 엑스]

★ 그녀는 선생님이야.

(Ella) es profesora.

[에야 에스 쁘로페쏘라]

★ 나는 원래 그래.

(Yo) soy así.

[요 쏘이 아씨]

오늘의 연습문제

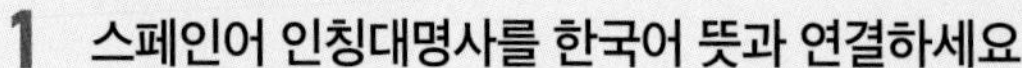

1 스페인어 인칭대명사를 한국어 뜻과 연결하세요.

❶ Yo • • a. 당신

❷ Usted • • b. 나

❸ Él • • c. 그

2 Ser 동사의 현재 시제 단수 변화형을 알맞게 쓰세요.

인칭 대명사(주어)	ser 동사
Yo	❶
Tú	❷
Ella	❸

3 다음 문장에서 틀린 부분을 찾아 올바르게 고쳐 보세요.

Ella es estudianta. (그녀는 학생이야.)

▶ ______________________

정답 p.262

문화 Plus

예의가 없는 스페인?!

스페인에서는 반말, 즉 'tú'가 일상 속에서 많이 쓰여요. 친구나 가족, 나이가 비슷한 사람들끼리의 대화에서 흔히 사용되죠. 스페인의 문화가 비교적 캐주얼하다 보니, 같은 나이대의 사람이나 동료들 사이에서는 tú로 말하는 게 자연스러워요.

하지만 스페인 사람들이 예의가 없는 것은 아니에요! 나이가 많은 분들과 이야기하거나, 공식적인 자리에서, 또는 처음 만나는 사람에게는 tú 대신 'usted'을 사용해서 예의를 갖추죠. 그리고 시간이 흘러 친밀감이 쌓이게 되면 tú를 사용하게 된답니다.

tú	usted

• 친구, 가족, 동료와 같은 가까운 사이에서 • 나이가 비슷하거나 어린 사람에게 • 친근감을 표현하고 싶을 때	• 처음 만난 사람에게 • 나이가 많은 사람에게 • 공식적인 자리나 상황에서 • 상사나 직장에서의 윗사람에게

Capítulo 02

¡Son carteristas!

소매치기예요!

오늘의 주제

- ✔ 인칭대명사와 ser 동사 복수
- ✔ 직업 말하기
- ✔ 부정문

오늘의 미션

- ✔ 그들은 소매치기예요!
- ✔ 우리는 두 명이야.
- ✔ 우리는 배우가 아니야.

MP3 전체 듣기

오늘의 회화

¡Son carteristas! ¡Ayuda!
[쏜 까르떼리스따스 아유다]

¿Perdona? ¡Somos turistas!
[뻬르도나 쏘모스 뚜리스따스]

F 소매치기예요! 도와주세요!
M 뭐라고요? 우리는 관광객들이에요!

어휘

- □ carterista [까르떼리스따] 소매치기
- □ actor/actriz [악또르/악뜨리스] 배우
- □ turista [뚜리스따] 관광객
- □ camarero/camarera [까마레로/까마레라] 웨이터

회화 포인트

¡Ayuda!는 큰 소리로 외치며 도움을 청할 때 쓰는 표현이에요. 물론 그런 일이 없어야 하겠지만, 소매치기나 강도 등을 당했을 때는 이렇게 외치세요!

오늘의 핵심 표현

1 인칭대명사와 ser 동사 복수

인칭대명사의 복수 형태 중 '우리, 너희, 그녀들'은 모두 여자일 경우 'nosotras, vosotras, ellas'를 사용해요.

	ser 동사
nosotros/as 우리	somos
vosotros/as 너희	sois
ellos/ellas/ustedes 그들/그녀들/당신들	son

¡OJO! 여자들만 해당할 경우 여성형(-as), 남자가 한 명이라도 해당할 경우 남성형(-os)을 사용해요.

2 ser 동사 복수형으로 직업 말하기

ser 동사로 직업을 말하는 문장에서 주어가 복수일 때는 반드시 직업도 복수 형태로 사용해요.

주어 + ser 동사(복수형) + 직업

(Nosotros) somos estudiantes. 우리는 학생이야.
[노쏘뜨로스 쏘모스 에스뚜디안떼스]

(Vosotros) sois turistas. 너희는 관광객이야.
[보쏘뜨로스 쏘이스 뚜리스따스]

(Ellos) son carteristas. 그들은 소매치기야.
[에요스 쏜 까르떼리스따스]

(Ellas) son profesoras. 그녀들은 선생님이야.
[에야스 쏜 쁘로페쏘라스]

(Ustedes) son camareros/camareras. 당신들은 웨이터예요.
[우스떼데스 쏜 까마레로스/까마레라스]

¡OJO! 1. 복수를 만들 때, 모음으로 끝나는 단어는 s를 추가, 자음으로 끝나는 단어는 es를 추가해요.
2. -ista로 끝나는 직업은 양성명사로 남성형, 여성형 구분 없이 사용해요.

3 ser 동사 부정문 말하기

부정문은 동사 앞에 no를 추가하면 돼요.

	ser 동사
yo	no soy
tú	no eres
él/ella/usted	no es
nosotros/as	no somos
vosotros/as	no sois
ellos/ellas/ustedes	no son

(Yo) no soy Ángela. 나는 앙헬라가 아니야.
[요 노 쏘이 앙헬라]

(Él) no es actor. 그는 배우가 아니야.
[엘 노 에스 악또르]

(Nosotros) no somos así. 우리는 그렇지 않아.
[노쏘뜨로스 노 쏘모스 아씨]

오늘의 Plus+ 실전 회화

Un zumo, por favor.

[운 쑤모 뽀르 파보르]

주스 하나 줘.

No somos camareros.

[노 쏘모스 까마레로스]

우리는 종업원이 아니야.

¡Buen viaje!

[부엔 비아헤]

좋은 여행 하기를!

No somos turistas.

[노 쏘모스 뚜리스따스]

우리는 관광객이 아니에요.

Somos estudiantes.

[쏘모스 에스뚜디안떼스]

우리는 학생이에요.

Eres guapo. Madre mía. ¡Eres actor!

[에레스 구아뽀 마드레 미아 에레스 악또르]

너 잘생겼다. 세상에나. 너 배우지!

No, no soy actor. Ellos son actores.

[노 노 쏘이 악또르 에요스 쏜 악또레스]

아니, 난 배우가 아니야. 그들이 배우야.

Ah, gracias. Eee, soy Marina.

[아 그라씨아스 에 쏘이 마리나]

아, 고마워. 음, 난 마리나야.

Soy Carlos. Encantado.

[쏘이 까를로스 엔깐따도]

난 까를로스야. 반가워.

이것만은 꼭!

★ 그들은 소매치기예요!

¡Ellos son carteristas!

[에요스 쏜 까르떼리스따스]

★ 우리는 두 명이야.

(Nosotros) somos dos.

[노쏘뜨로스 쏘모스 도스]

★ 우리는 배우가 아니야.

(Nosotros) no somos actores.

[노쏘뜨로스 노 쏘모스 악또레스]

오늘의 연습문제

1 인칭대명사에 맞게 ser 동사 현재시제 변형표를 채우세요.

인칭 대명사(주어)	ser 동사
Nosotros	somos
Vosotros	❶
Ellos, Ellas, Ustedes	❷

2 각 직업 명사의 여성형을 적으세요.

❶ camarero ▶ ______________________

❷ actor ▶ ______________________

3 다음 문장을 스페인어로 써 보세요.

❶ 우리(남자들)는 배우가 아니에요.

▶ ______________________

❷ 우리는 두 명이에요.

▶ ______________________

❸ 그녀들은 소매치기예요.

▶ ______________________

정답 p.262

스페인어로 다양한 직업을 말해 보세요.

estudiante 에스뚜디안떼	학생	**profesor(a)** 쁘로페쏘르/쁘로페쏘라	선생님
empleado/a 엠쁠레아도/엠쁠레아다	직원	**jefe/a** 헤페/헤파	사장
cocinero/a 꼬씨네로/꼬씨네라	요리사	**bombero/a** 봄베로/봄베라	소방관
abogado/a 아보가도/아보가다	변호사	**policía** 뽈리씨아	경찰
médico/a 메디꼬/메디까	의사	**enfermero/a** 엔페르메로/엔페르메라	간호사
deportista 데뽀르띠스따	운동선수	**peluquero/a** 뻴루께로/뻴루께라	미용사
actor/actriz 악또르/악뜨리스	배우	**periodista** 뻬리오디스따	기자
ingeniero/a 인헤니에로/인헤니에라	엔지니어	**conductor(a)** 꼰둑또르/꼰둑또라	운전사

Capítulo 03

Somos amigos.

우리는 친구예요.

오늘의 주제

- ✓ 스페인어 성, 수 구분

오늘의 미션

- ✓ 우리는 연인이 아니에요.
- ✓ 세미와 Ana는 예뻐요.
- ✓ 아이스크림 두 개 주세요.

MP3 전체 듣기

오늘의 회화

Oye, somos amigos.
[오예 쏘모스 아미고스]

Tú eres mi ex. No somos amigos.
[뚜 에레스 미 엑스 노 쏘모스 아미고스]

F 얘, 우리는 친구야.
M 너는 내 전 여친이야. 우린 친구가 아니야.

어휘

□ novio/novia [노비오/노비아] 남자친구/여자친구
□ guapo [구아뽀] 잘생긴
□ helado [엘라도] 아이스크림
□ información [인포르마씨온] 정보

회화 포인트

¡Oye!는 영어의 Hey!에 해당하는 표현으로 스페인에서는 상대방을 이렇게 부르지만, 나보다 나이가 훨씬 많거나 예의를 갖춰야 하는 상황에서 만났다면 ¡Oiga!라는 표현을 사용해요.

오늘의 핵심 표현

1 스페인어의 성

남성명사			여성명사		
-o	el helado [엘라도]	아이스크림	-a	la ayuda [아유다]	도움
	el perro [뻬로]	강아지		la cerveza [쎄르베싸]	맥주
-자음	el español [에스빠뇰]	스페인어	-d/-z -ción -sión	la salud [쌀룯]	건강
	el examen [엑싸멘]	시험		la actriz [악뜨리스]	여배우
	el sur [쑤르]	남쪽		la información [인포르마씨온]	정보
-e	el padre [빠드레]	아버지	-e	la tarde [따르데]	오후
	el chocolate [초꼴라떼]	초콜릿		la noche [노체]	밤
예외	la foto [포또]	사진	예외	el día [디아]	하루, 날

¡OJO! 1. 남성 정관사는 el, 여성 정관사는 la예요. 앞으로 명사는 성 구분을 위해 정관사와 함께 적어둘게요.
2. -ción/sión 끝나는 단어는 무조건 여성명사예요.

양성명사	
el/la bebé [베베]	아기
el/la estudiante [에스뚜디안떼]	학생
el/la turista [뚜리스따]	관광객

2 스페인어의 수

단수			복수 만들기	
novio [노비오]	남자친구	▶	-모음 + s	novios [노비오스]
genial [헤니알]	훌륭한		-자음 + es	geniales [헤니알레스]
actriz [악뜨리스]	여배우		-z + ces	actrices [악뜨리쎄스]

¡OJO! z로 끝나는 단어 복수형에 주의하세요! 스페인어는 ze/zi 형태를 사용하지 않아 발음이 같은 ce/ci로 철자를 바꿔서 써요.

3 문장에서의 성, 수 일치

ser 동사로 직업, 외모, 성격 등을 말하는 문장에서 주어가 복수일 때는 반드시 동사 뒤 어휘도 복수 형태로 사용해요.

(Nosotros) somos amigos. 우리는 친구야.
[노쏘뜨로스 쏘모스 아미고스]

(Ellos) son padres. 그들은 아버지야.
[에요스 쏜 빠드레스]

(Ellas) son geniales. 그녀들은 훌륭해.
[에야스 쏜 헤니알레스]

오늘의 Plus+ 실전 회화

Daniel es guapo...

[다니엘 에스 구아뽀]

다니엘 잘생겼어...

Oye, Nina y Daniel son novios.

[오예 니나 이 다니엘 쏜 노비오스]

얘, 니나랑 다니엘 연인이야.

¿Sois novios?

[쏘이스 노비오스]

너희는 연인이야?

Ehh, no. Somos amigos.

[에 노 쏘모스 아미고스]

음, 아니. 우리는 친구야.

¿Qué? Somos novios, bebé.

[께 쏘모스 노비오스 베베]

뭐? 우리 연인이야, 베이비.

회화문3

Ana y Leo son profesores.

[아나 이 레오 쏜 쁘로페쏘레스]

아나랑 레오는 선생님이야.

¿Ah, sí? Ni idea.

[아 씨 니 이데아]

아, 그래? 몰라.

Uy. ¡Leo y tú sois amigos!

[우이 레오 이 뚜 쏘이스 아미고스]

앗. 레오랑 너랑 친구잖아!

No. Leo no es mi amigo.

[노 레오 노 에스 미 아미고]

아니야. 레오는 내 친구 아니야.

이것만은 꼭!

★ 우리는 연인이 아니에요.

(Nosotros) no somos novios.

[노쏘뜨로스 노 쏘모스 노비오스]

★ 세미와 Ana는 예뻐요.

Semi y Ana son guapas.

[쎄미 이 아나 쏜 구아빠스]

★ 아이스크림 두 개 주세요.

Dos helados, por favor.

[도스 엘라도스 뽀르 파보르]

오늘의 연습문제

1 보기처럼 명사들의 성에 맞게 정관사 단수 형태를 적으세요.

보기	la cerveza

❶ ____________ día

❷ ____________ foto

❸ ____________ salud

2 다음 명사들을 복수 형태로 바꾸세요.

❶ español ▶ ____________

❷ actriz ▶ ____________

3 형용사 guapo를 각 문장에 알맞은 형태로 바꿔 넣으세요.

❶ Vosotras sois ____________.

❷ Ellos no son ____________.

정답 p.262

퀴즈 Plus

아래 가로 세로 낱말 퀴즈를 풀어 보세요!

세로 열쇠	가로 열쇠
❶ 학생	❹ 관광객
❷ 나의	❺ (남) 배우
❸ 잘생긴	❻ 정보

정답 p.267

Capítulo 04

No soy chino.

저 중국인 아니에요.

오늘의 주제

- ✓ 국적 말하기
- ✓ 의문문 만들기

오늘의 미션

- ✓ 나는 중국인이 아니야.
- ✓ 나는 여기 출신이 아니야.
- ✓ 너는 어디 출신이야?

MP3 전체 듣기

오늘의 회화

Perdona, ¿eres de China?
[뻬르도나 에레스 데 치나]

No, no soy chino. Soy español.
[노 노 쏘이 치노 쏘이 에스빠뇰]

F 저기, 너 중국 출신이야?
M 아니, 나는 중국인이 아니야. 나는 스페인인이야.

어휘

- □ Corea [꼬레아] 한국
- □ dónde [돈데] 어디
- □ de [데] ~의/출신의
- □ aquí [아끼] 여기

회화 포인트

스페인 사람들도 예의를 중요하게 생각해요. 모르는 사람에게 말을 걸거나 무언가를 물어보기 전에 Perdona (저기요, 실례합니다.)라는 표현을 먼저 얘기해 주세요!

오늘의 핵심 표현

1 국적 말하기

스페인어로 국적을 말할 때는 ser 동사 뒤에 국적형용사를 붙여 주면 돼요. 또는 ser 동사 뒤에 'de+국가명'을 붙여 주어도 국적을 말할 수 있어요.

	국적형용사	국가명
한국	coreano/coreana [꼬레아노/꼬레아나]	Corea [꼬레아]
스페인	español/española [에스빠뇰/에스빠뇰라]	España [에스빠냐]
중국	chino/china [치노/치나]	China [치나]
멕시코	mexicano/mexicana [메히까노/메히까나]	México [메히꼬]

¡OJO! 1. 국가명엔 복수형이 없고, 첫 철자는 항상 대문자로 써요.
2. 멕시코의 국가명, 국적형용사, 지명 등을 이야기할 때는 x를 'ㅆ'가 아닌 'ㅎ'로 발음해요.

❶ 국적형용사로 국적 말하기

주어 + ser 동사 + 국적형용사

(Yo) soy coreano/coreana. 나는 한국인이야.
[요 쏘이 꼬레아노/꼬레아나]

(Tú) eres español/española. 너는 스페인인이야.
[뚜 에레스 에스빠뇰/에스빠뇰라]

(Nosotros) somos chinos. 우리는 중국인이야.
[노쏘뜨로스 쏘모스 치노스]

(Ellas) son mexicanas. 그녀들은 멕시코인이야.
[에야스 쏜 메히까나스]

❷ 국가명으로 국적 말하기

주어 + ser 동사 + de 국가명

(Yo) soy de Corea. 나는 한국 출신이야.
[요 쏘이 데 꼬레아]

(Tú) eres de España. 너는 스페인 출신이야.
[뚜 에레스 데 에스빠냐]

(Nosotros) somos de China. 우리는 중국 출신이야.
[노쏘뜨로스 쏘모스 데 치나]

(Ellas) son de México. 그녀들은 멕시코 출신이야.
[에야스 쏜 데 메히꼬]

2 의문문 만들기

평서문 앞뒤에 물음표만 붙이면 바로 의문문이 돼요. 소리 내어 읽을 때는 문장 끝 부분을 올려 읽거나 마지막 단어의 강세를 평서문보다 높여 읽어요. 또는 주어와 동사의 위치를 바꾸기도 해요.

¿Eres (tú) coreano/coreana? 너는 한국인이야?
[에레스 뚜 꼬레아노/꼬레아나]

=¿(Tú) eres coreano/coreana?
[뚜 에레스 꼬레아노/꼬레아나]

혹은 의문사 dónde를 넣어 어디 출신이냐고 물어볼 수도 있어요. 이때 de는 문장 맨 앞에 넣어줘요.

¿De dónde eres (tú)? 너는 어디 출신이야?
[데 돈데 에레스 뚜]

¡OJO! 의문사가 들어가는 의문문은 보통 주어를 동사 뒤에 삽입해요.

오늘의 Plus+ 실전 회화

회화문1

¿Eres (tú) coreano?

[에레스 뚜 꼬레아노]

너는 한국인이야?

Sí, soy coreano.

[씨 쏘이 꼬레아노]

응, 나는 한국인이야.

회화문2

¿De dónde sois?

[데 돈데 쏘이스]

너희는 어디 출신이야?

Yo soy mexicano.

[요 쏘이 메히까노]

나는 멕시코 사람이야.

Yo soy española.

[요 쏘이 에스빠뇰라]

나는 스페인 사람이야.

Oye. ¿De dónde es Alma?

[오예 데 돈데 에스 알마]

얘. 알마는 어디 출신이야?

¿Mi novia? Es de España.

[미 노비아 에스 데 에스빠냐]

내 여자친구? 스페인 출신이야.

¿Es de aquí? ¿Y es estudiante?

[에스 데 아끼 이 에스 에스뚜디안떼]

여기 출신이야? 그리고 학생이야?

No, no es estudiante. Es profesora.

[노 노 에스 에스뚜디안떼 에스 쁘로페쏘라]

아니, 학생 아니야. 선생님이야.

이것만은 꼭!

★ 나는 중국인이 아니야.

(Yo) no soy chino/a.

[요 노 쏘이 치노]

★ 나는 여기 출신이 아니야.

(Yo) no soy de aquí.

[요 노 쏘이 데 아끼]

★ 너는 어디 출신이야?

¿De dónde eres (tú)?

[데 돈데 에레스 뚜]

오늘의 연습문제

1 보기처럼 각 국가명에 상응하는 남성 국적형용사를 적으세요.

보기	Corea - coreano

① España ▶ ______________

② México ▶ ______________

2 다음 문장에서 틀린 부분을 찾아 올바르게 고쳐 보세요.

① Yo soy Corea. (나는 한국인이야.)

▶ ______________

② ¿Dónde eres tú de? (너는 어디 출신이야?)

▶ ______________

3 다음 질문에 대답을 한국어로 해석하세요.

질문	¿Eres de Corea?

① Sí, soy coreano. ▶ ______________

② No, no soy de Corea. ▶ ______________

③ No, soy español. ▶ ______________

정답 p.262

예술과 낭만의 도시, 바르셀로나

바르셀로나는 고풍스러운 구 시가지와 현대적인 도시가 멋지게 어우러진 매력적인 곳이에요. 여기에서는 과거와 현재가 공존하는 특별한 풍경을 만나볼 수 있답니다.

구 시가지의 좁은 돌길을 걷다 보면, 마치 중세로 돌아간 듯한 기분이 들 거예요. 바르셀로나 대성당(Catedral de Barcelona)과 왕의 광장(Plaza del Rey)은 중세시대의 분위기를 물씬 풍기거든요. 하지만 고딕 지구를 둘러싼 로마식 성벽을 지나면 현대적인 건축물들이 가득한 신 시가지가 펼쳐져요.

그리고 람블라(La Rambla) 거리의 활기찬 분위기, 바르셀로나 현대 미술관과 피카소 박물관의 작품들은 관광객들의 감탄을 자아내요. 올림픽 이후 휴양지로 변모한 포르트벨(Port Vell)에서의 산책과 몬주익(Montjuïc) 언덕의 멋진 전망도 놓칠 수 없는 경험이겠죠?

하지만 그 무엇보다도 안토니 가우디의 걸작인 성 가족 성당(Sagrada Familia), 카사 밀라(Casa Milà), 구엘 공원(Parque Güell)은 바르셀로나의 하이라이트라고 할 수 있겠죠!

가우디는 바르셀로나의 건축적 정체성을 형성한 인물로, 그의 작품들은 자연에서 영감을 받은 곡선과 독특한 디자인으로 유명해요. 바르셀로나는 가우디의 작품들이 곳곳에 자리 잡고 있어, 도시 전체가 하나의 거대한 예술 작품처럼 느껴집니다.

역사와 문화, 예술이 어우러진 매력적인 바르셀로나에서 멋진 추억을 쌓아 보세요!

바르셀로나 여행 

바르셀로나에서는 소매치기를 조심해야 해요. 이 도시는 소매치기가 활발한 곳으로 악명이 높거든요. 유명 관광지나 지하철 등에서는 특히 주의가 더 필요한데, 관광을 할 때는 꼭 필요한 소지품만 챙기고 낯선 사람이 다가와 말을 걸 경우에는 경계심을 가지는 것이 좋아요. 그리고 현지인이나 숙소 직원에게 안전한 지역과 위험할 수 있는 곳에 대한 조언을 듣는 것도 유용하답니다!

Capítulo 05

¡Eres muy amable!

너 진짜 친절하다!

오늘의 주제

- 외모 이야기하기
- 성격 이야기하기

오늘의 미션

- 감사합니다. 정말 친절하시네요!
- 안녕, 예쁜이!
- 이름이 뭐예요, 예쁜이?

MP3 전체 듣기

오늘의 회화

Oye, ¿de dónde es tu novia? Es muy guapa.

[오예 데 돈데 에스 뚜 노비아 에스 무이 구아빠]

No somos novios. Es mi ex de Corea.

[노 쏘모스 노비오스 에스 미 엑스 데 꼬레아]

Es mala y tacaña.

[에스 말라 이 따까냐]

F 얘, 너 여친 어디 출신이야? 너무 예쁘다.

M 우리 연인 아니야. 내 전 여친이야. 걔 나쁘고 인색해.

어휘

□ ¿Cómo se llama? [꼬모 쎄 야마] 이름이 뭐예요?

□ muy [무이] 매우

□ tu [뚜] 너의

□ mi [미] 나의

회화 포인트

이름을 물어볼 때 주어가 tú인지(2인칭 단수) usted인지(3인칭 단수)에 따라 동사 형태가 바뀌어요. 너(tú)에게 이름을 물어보는 거라면 ¿Cómo te llamas?, 당신(usted) 혹은 물건, 장소 등의 이름을 묻는다면 ¿Cómo se llama?라고 해요.

오늘의 핵심 표현

1 외모 이야기하기

-o로 끝나는 형용사는 꾸며 주는 대상의 성에 맞춰 바뀌 줘요.

외모 형용사		
	남성형	여성형
잘생긴, 예쁜	bonito/guapo [보니또/구아뽀]	bonita/guapa [보니따/구아빠]
못생긴	feo [페오]	fea [페아]
뚱뚱한	gordo [고르도]	gorda [고르다]
날씬한	delgado [델가도]	delgada [델가다]

주어 + ser 동사 + 외모 형용사

¿(Tú) eres guapo/guapa? 너는 잘생겼어?/예쁘니?
[뚜 에레스 구아뽀/구아빠]

Sí, (yo) soy guapo/guapa. 응, 나는 잘생겼어./예뻐.
[씨 요 쏘이 구아뽀/구아빠]

No, (yo) no soy guapo/guapa. 아니, 나는 잘생기지 않았어./예쁘지 않아.
[노 요 노 쏘이 구아뽀/구아빠]

No, (yo) soy feo/fea. 아니, 나는 못생겼어.
[노 요 쏘이 페오/페아]

2 성격 이야기하기

성격 형용사		
	남성형	여성형
친절한	amable [아마블레]	amable [아마블레]
인색한	tacaño [따까뇨]	tacaña [따까냐]
착한	bueno/majo [부에노/마호]	buena/maja [부에나/마하]
나쁜	malo [말로]	mala [말라]

¡OJO! 1. -e로 끝나는 형용사는 여성형이 없어요.
2. majo는 스페인에서만 사용하는 형용사로 '나이스한'이라는 뜻이에요.

주어 + ser 동사 + 성격 형용사

¿(Tú) eres malo/mala? 너는 나빠?
[뚜 에레스 말로/말라]

Sí, (yo) soy malo/mala. 응, 나는 나빠.
[씨 요 쏘이 말로/말라]

No, (yo) no soy malo/mala. 아니, 나는 나쁘지 않아.
[노 요 노 쏘이 말로/말라]

No, (yo) soy bueno/buena. 아니, 나는 착해.
[노 요 쏘이 부에노/부에나]

오늘의 Plus 실전 회화

¿Tu profesora es gorda?

[뚜 쁘로페쏘라 에스 고르다]

너의 선생님은 뚱뚱해?

Sí, (mi profesora) es gorda.

[씨 미 쁘로페쏘라 에스 고르다]

응, 내 선생님 뚱뚱해.

¿Cómo se llama ella?

[꼬모 쎄 야마 에야]

그녀는 이름이 뭐야?

Ella es Carla. Es maja.

[에야 에스 까를라 에스 마하]

그녀는 까를라야. 나이스해.

Sí. Es muy buena.

[씨 에스 무이 부에나]

응. 매우 착해.

¿Tu novia es María o Diana?

[뚜 노비아 에스 마리아 오 디아나]

너의 여자친구는 마리아야 디아나야?

María es muy guapa y Diana es muy amable.

[마리아 에스 무이 구아빠 이 디아나 에스 무이 아마블레]

마리아는 너무 예쁘고 디아나는 매우 친절해.

Jajaja. Y son muy buenas.

[하하하 이 쏜 무이 부에나스]

하하하. 그리고 매우 좋은 사람들이야.

Y yo soy muy malo.

[이 요 쏘이 무이 말로]

그리고 나는 매우 나빠.

이것만은 꼭!

- 감사합니다. 정말 친절하시네요!

  ¡Gracias, muy amable!

  [그라씨아스 무이 아마블레]

- 안녕, 예쁜이!

  ¡Hola, guapa!

  [올라 구아빠]

- 이름이 뭐예요, 예쁜이?

  ¿Cómo se llama, bonita?

  [꼬모 쎄 야마 보니따]

오늘의 연습문제

1 다음 형용사들의 의미를 한국어로 적으세요.

❶ feo ▶ ______________________

❷ delgado ▶ ______________________

❸ majo ▶ ______________________

2 다양한 성수로 변형된 다음 형용사들의 남성 단수형을 보기처럼 적으세요.

보기	bonitas - bonito

❶ tacañas ▶ ______________________

❷ amables ▶ ______________________

❸ buena ▶ ______________________

3 다음 중 성격을 말하는 문장이 아닌 것을 하나 고르세요.

❶ Ellos son majos.

❷ Yo soy buena.

❸ Perla es muy gorda.

❹ Sois malos.

정답 p.262

제시된 우리말을 참고하여, 낱말 퍼즐 안에 숨어있는 10가지 단어를 찾아보세요.

N	G	C	A	M	A	R	E	R	O
O	P	R	O	F	E	S	O	R	G
V	H	S	G	R	V	X	Z	R	I
I	E	M	E	L	C	O	R	E	A
O	L	Q	X	F	X	Y	S	L	B
C	A	R	T	E	R	I	S	T	A
F	D	X	B	X	D	Ó	N	D	E
U	O	C	R	A	Q	U	Í	G	L
Ú	T	X	E	F	S	X	I	C	N
L	U	E	W	L	X	O	X	I	R

❶ (남) 선생님	❻ 한국
❷ 소매치기	❼ 아이스크림
❸ 너의	❽ 어디
❹ (남) 웨이터	❾ 여기
❺ 남자친구	❿ 전 연인

정답 p.267

Capítulo **06**

¡Estoy emocionado!

저는 신났어요!

오늘의 주제

- ✓ estar 동사의 단수형
- ✓ 기분 이야기하기

오늘의 미션

- ✓ 이제 됐어.
- ✓ 이제 만족하니?
- ✓ 메리 크리스마스!

MP3 전체 듣기

오늘의 회화

Hola, guapo. ¿Cómo estás?

[올라 구아뽀 꼬모 에스따스]

Estoy muy feliz. ¡Salud!

[에스또이 무이 펠리스 쌀룯]

F 안녕, 존잘남. 어때?
M 나 매우 행복해. 건배!

어휘

- □ ya [야] 이제, 벌써
- □ bien [비엔] 잘
- □ la Navidad [나비닫] 크리스마스
- □ la salud [쌀룯] 건강, 건배

회화 포인트

건배할 때 Salud 이외에 Chinchín이라는 더 캐주얼한 표현도 쓸 수 있어요. 친구들과 있을 때 꼭 써 보세요! ¡Chinchín!

오늘의 핵심 표현

1 estar 동사의 단수형

estar 동사도 ser 동사와 마찬가지로 '-이다.'라는 뜻을 가졌지만 다른 경우에 사용돼요. 동사변형을 살펴본 뒤 사용법을 익혀 봐요.

	estar 동사
yo	estoy
tú	estás
él/ella/usted	está

2 estar 동사로 기분 이야기하기

변화하는 기분을 나타낼 때는 ser 동사가 아닌 estar 동사를 사용해요.

기분 형용사		
	남성형	여성형
행복한	feliz [펠리스]	feliz [펠리스]
슬픈	triste [뜨리스떼]	triste [뜨리스떼]
신난	emocionado [에모씨오나도]	emocionada [에모씨오나다]
우울한	deprimido [데쁘리미도]	deprimida [데쁘리미다]
만족한, 기분 좋은	contento [꼰뗀또]	contenta [꼰뗀따]
화난	enfadado [엔파다도]	enfadada [엔파다다]

¡OJO! -e로 끝나는 형용사는 여성형이 없어요.

주어 + estar 동사 + 기분 형용사

(Yo) estoy feliz. 나는 행복해.
[요 에스또이 펠리스]

¿(Tú) estás deprimido/deprimida? 너는 우울해?
[뚜 에스따스 데쁘리미도/데쁘리미다]

(Ella) está contenta. 그녀는 기뻐.
[에야 에스따 꼰뗀따]

¿(Usted) está triste? 당신은 슬퍼요?
[우스뗃 에스따 뜨리스떼]

¿(Tú) estás enfadado/enfadada? 너는 화났어?
[뚜 에스따스 엔파다도/엔파다다]

Sí, (yo) estoy enfadado/enfadada. 응, 나는 화났어.
[씨 요 에스또이 엔파다도/엔파다다]

No, (yo) no estoy enfadado/enfadada. 아니, 나는 안 화났어.
[노 요 노 에스또이 엔파다도/엔파다다]

오늘의 Plus+ 실전 회화

¿(Tú) estás contento?

[뚜 에스따스 꼰뗀또]

너는 만족해?

Sí, (yo) estoy contento.

[씨 요 에스또이 꼰뗀또]

응, 나는 만족해.

¡Feliz cumpleaños!

[펠리스 꿈쁠레아뇨스]

생일 축하해!

Gracias, Sofía. Sois muy buenas.

[그라씨아스 쏘피아 쏘이스 무이 부에나스]

고마워, 소피아. 너희는 정말 좋은 사람들이야.

¡Felicidades, Javier! Estoy muy feliz.

[펠리씨다데스 하비에르 에스또이 무이 펠리스]

축하해, 하비에르! 난 매우 행복해.

회화문3

¡Tú eres muy malo!

[뚜 에레스 무이 말로]

넌 정말 나빠!

¡Tú eres muy mala y tacaña!

[뚜 에레스 무이 말라 이 따까냐]

너는 정말 나쁘고 인색해!

Uy, ¿algo más?

[우이 알고 마스]

어머, 더 말씀하실 거 있어요?

Ya está. ¡Adiós!

[야 에스따 아디오스]

이제 됐네요. 안녕!

이것만은 꼭!

★ 이제 됐어.

Ya está.

[야 에스따]

★ 이제 만족하니?

¿Ya estás contento/a?

[야 에스따스 꼰뗀또/꼰뗀따]

★ 메리 크리스마스!

¡Feliz Navidad!

[펠리스 나비닫]

오늘의 연습문제

1 인칭대명사에 맞게 estar 동사 현재시제 변형표를 채우세요.

인칭 대명사(주어)	estar 동사
Yo	❶
Tú	❷
Él, Ella, Usted	❸

2 다음 어휘들의 빈칸에 공통으로 들어가는 모음을 고르세요.

보기 trist____ | d____primido | cont____nto

❶ o ❷ e ❸ i ❹ u

3 다음 한국어 문장을 스페인어로 바꾸세요.

❶ 나는 매우 신났어.

▶ ______________________________

❷ 그녀는 화나지 않았어.

▶ ______________________________

❸ 메리 크리스마스!

▶ ______________________________

정답 p.262

제스처의 나라, 스페인

스페인은 다양한 제스처와 몸짓으로 유명한 나라예요. 스페인 사람들은 다양한 제스처를 통해 감정과 의사를 표현하고, 서로의 생각을 더욱 명확하게 전달한답니다. 여러분이 스페인어를 배울 때 다양한 제스처도 함께 알아 둔다면, 현지인들과 소통할 때 훨씬 더 자연스럽고 풍부한 감정을 드러낼 수 있어요.

자, 그럼 스페인에서 흔히 사용하는 대표적인 제스처를 몇 가지 소개할게요!

엄지 올리기

엄지를 올리는 엄지척 포즈는 '좋아요' 또는 '괜찮아요'라는 의미를 나타내요. 우리나라와 비슷하죠?

손가락 모으기

엄지와 네 손가락을 모으고 손목을 위아래로 흔드는 제스처는 상대방에게 강한 불만이나 분노를 표현할 때 사용해요.

입술에 손가락을 대고 떼기

손가락 끝을 입술에 대고 나서 손을 쭉 뻗어 떼는 동작은 음식이 정말 맛있거나 뛰어나다는 의미로 사용되요.

손으로 가볍게 뺨 때리기

손이나 주먹으로 가볍게 뺨을 때리는 제스처는 '낯짝이 두껍다', '뻔뻔하다'라는 의미를 나타내요.

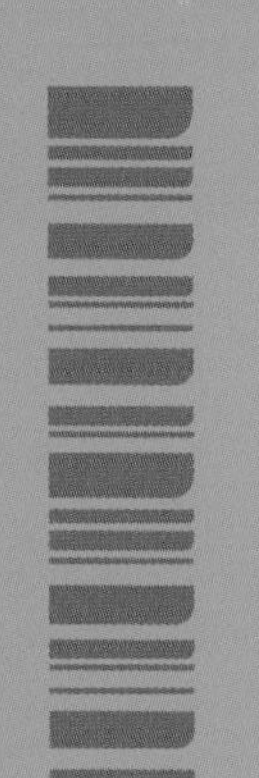

Capítulo 07

¡Estás guapo hoy!

너 오늘 멋있다!

오늘의 주제

- estar 동사의 복수형
- 상태 이야기하기

오늘의 미션

- 너 오늘 예쁘다!
- 너 괜찮아?
- 우리 배불러요.

MP3 전체 듣기

오늘의 회화

¿Todo bien? ¿Algo más?
[또도 비엔 알고 마스]

No. Estamos muy llenos.
[노 에스따모스 무이 예노스]

F 다 괜찮아? 더 필요한 거 있어?
M 아니. 우리 매우 배불러.

어휘

□ todo [또도] 모든 것
□ algo [알고] 무언가
□ más [마스] 더
□ hoy [오이] 오늘

회화 포인트

보통 식당에서 음식을 먹고 있으면 종업원이 중간에 더 필요한 건 없는지 물어봐요. 필요한 것이 있다면 이야기하고 그게 아니라면 Todo bien.(다 괜찮아요.) 혹은 ¡Muy rico!(매우 맛있어요!) 등으로 대답해 보세요.

오늘의 핵심 표현

1 estar 동사의 복수형

	estar 동사
nosotros/as	estamos
vosotros/as	estáis
ellos/ellas/ustedes	están

2 estar 동사로 상태 이야기하기

기분뿐만 아니라 상태, 컨디션도 ser 동사가 아닌 estar 동사로 이야기해요.

상태 형용사		
	남성형	여성형
배부른	lleno [예노]	llena [예나]
피곤한	cansado [깐싸도]	cansada [깐싸다]
더 나은	mejor [메호르]	mejor [메호르]
바쁜	ocupado [오꾸빠도]	ocupada [오꾸빠다]

¡OJO! 1. 우리말에서 'ㄴ'으로 끝나는 단어는 형용사예요.
2. mejor는 여성형이 없어요.

상태 부사			
잘	bien [비엔]	나쁘게	mal [말]

¡OJO! 부사는 성, 수가 없어요. 부사도 estar 동사와 쓸 수 있음에 주의하세요!

주어 + estar 동사 + 상태 형용사

(Nosotros) estamos llenos.
[노쏘뜨로스 에스따모스 예노스]

우리는 배불러.

¿(Vosotros) estáis cansados?
[보쏘뜨로스 에스따이스 깐싸도스]

너희는 피곤해?

(Ella) están muy ocupadas.
[에야스 에스딴 무이 오꾸빠다스]

그녀들은 매우 바빠.

주어 + estar 동사 + 상태 부사

¿Ustedes están bien?
[우스떼데스 에스딴 비엔]

당신들은 괜찮아요?

(Yo) estoy mal.
[요 에스또이 말]

나는 안 좋아.

오늘의 Plus+ 실전 회화

¿Estás cansado?

[에스따스 깐싸도]

너는 피곤해?

No, estoy bien.

[노 에스또이 비엔]

아니, 나는 괜찮아.

¿Cómo estáis?

[꼬모 에스따이스]

너희는 어때?

Estoy mejor.

[에스또이 메호르]

나는 괜찮아졌어.

Yo estoy mal.

[요 에스또이 말]

나는 안 좋아.

Uy, estoy llena.

[우이 에스또이 예나]

아우, 배불러.

Yo estoy superlleno.

[요 에스또이 쑤뻬르예노]

나는 엄청 배불러.

Mmm. ¿Un helado?

[음 운 엘라도]

음. 아이스크림 하나?

Venga, ¡buena idea!

[벵가 부에나 이데아]

좋아, 좋은 생각이야!

¡OJO! súper(매우, 많이)를 형용사로 사용할 때는 tilde 없이 명사 앞에 딱 붙여 사용해요.

이것만은 꼭!

★ 너 오늘 예쁘다!

¡(Tú) estás guapa hoy!

[뚜 에스따스 구아빠 오이]

★ 너 괜찮아?

¿(Tú) estás bien?

[뚜 에스따스 비엔]

★ 우리 배불러요.

(Nosotros) estamos llenos.

[노쏘뜨로스 에스따모스 예노스]

오늘의 연습문제

1 인칭대명사와 estar 동사의 현재시제 변화형을 바르게 연결하세요.

❶ Nosotros •	• a. están
❷ Vosotros •	• b. estamos
❸ Ellos •	• c. estáis

2 다음 문장요소들의 순서를 한국어에 맞게 배열하세요.

❶ muy / llenos / estamos (우리는 배불러요.)

▶ ____________________

❷ estáis / no / cansados (너희는 안 피곤해?)

▶ ____________________

3 다음 문장에서 틀린 부분을 찾아 올바르게 고쳐 보세요.

❶ ¿Ustedes están bienes?

▶ ____________________

❷ Ella es bien.

▶ ____________________

정답 p.262

ser 동사와 estar 동사와 어울리는 다양한 형용사를 말해 보세요.

1. ser 동사와 어울리는 외모/성격 형용사

alto/a 알또/알따	키가 큰	**bajo/a** 바호/바하	키가 작은
interesante 인떼레싼떼	재미있는	**inteligente** 인뗄리헨떼	똑똑한, 총명한
sociable 쏘씨아블레	사교적인	**tímido/a** 띠미도/띠미다	소심한
trabajador(a) 뜨라바하도르/뜨라바하도라	성실한	**serio/a** 쎄리오/쎄리아	진지한

2. estar 동사와 어울리는 상태 형용사

alegre 알레그레	기쁜	**contento/a** 꼰뗀또/꼰뗀따	만족한
libre 리브레	한가한, 자유로운	**motivado/a** 모띠바도/모띠바다	의욕적인
nervioso/a 네르비오쏘/네르비오싸	긴장한	**aburrido/a** 아부리도/아부리다	지루한
preocupado/a 쁘레오꾸빠도/쁘레오꾸빠다	걱정하는	**enfermo/a** 엔페르모/엔페르마	아픈

Capítulo 08

¿Está abierto?

영업 중이에요?

오늘의 주제

- ✔ 물건의 상태 이야기하기
- ✔ 정관사

오늘의 미션

- ✔ 영업 중이에요?
- ✔ 커피가 매우 뜨거워요.
- ✔ 침대들이 깨끗하지 않아요.

MP3 전체 듣기

오늘의 회화

Oye, ¿vino o cerveza?
[오예 비노 오 쎄르베싸]

La cerveza no está fría. Vino, porfa.
[라 쎄르베싸 노 에스따 프리아 비노 뽀르파]

F 얘, 와인 아님 맥주?
M 맥주는 안 차가워. 와인 줘.

어휘

- □ el restaurante [레스따우란떼] 식당
- □ la cafetería [까페떼리아] 카페
- □ la cama [까마] 침대
- □ el café [까페] 커피

회화 포인트

'Por favor.'는 Porfa 혹은 친한 사이에는 Porfi라고 줄여 쓰기도 해요.

오늘의 핵심 표현

1 물건의 상태 형용사

상태 형용사		
	남성형	여성형
열려 있는	abierto [아비에르또]	abierta [아비에르따]
닫혀 있는	cerrado [쎄라도]	cerrada [쎄라다]
깨끗한	limpio [림삐오]	limpia [림삐아]
더러운	sucio [쑤씨오]	sucia [쑤씨아]
차가운	frío [프리오]	fría [프리아]
뜨거운	caliente [깔리엔떼]	caliente [깔리엔떼]

2 정관사

정관사			
남성단수	el	남성복수	los
여성단수	la	여성복수	las

¡OJO! 정관사는 영어의 the와 같은 역할을 하는데, 자세한 내용은 26과에서 배워요!

3 estar 동사로 상태 이야기하기

사물 역시 estar 동사를 활용해 현재 상태를 나타내요. 이때 역시 주어에 따라 형용사의 성과 수를 일치시켜 줘요.

주어 + estar 동사 + 상태 형용사

El restaurante está cerrado. 식당은 닫혀 있어.
[엘 레스따우란떼 에스따 쎄라도]

La cerveza no está fría. 맥주는 차갑지 않아.
[라 쎄르베싸 노 에스따 프리아]

Los chocolates están calientes. 핫초코들이 뜨거워.
[로스 초꼴라떼스 에스딴 깔리엔떼스]

Las camas están sucias. 침대들이 더러워.
[라스 까마스 에스딴 쑤씨아스]

오늘의 Plus+ 실전 회화

¿La cafetería está abierta?

[라 까페떼리아 에스따 아비에르따]

카페는 열려 있어?

No, está cerrada.

[노 에스따 쎄라다]

아니, 닫혀 있어.

¡Hola! ¿Todo bien?

[올라 또도 비엔]

안녕하세요! 다 괜찮나요?

Eee, las camas no están limpias.

[에 라스 까마스 노 에스딴 림삐아스]

음, 침대들이 깨끗하지 않아요.

Están muy sucias.

[에스딴 무이 쑤씨아스]

매우 더러워요.

¿Qué tal, Pablo?

[께 딸 빠블로]

어떻게 지내, 빠블로?

Estoy muy ocupado. Pero todo bien. Un café, porfa.

[에스또이 무이 오꾸빠도 뻬로 또도 비엔 운 까페 뽀르파]

매우 바빠. 근데 다 괜찮아. 커피 한 잔 줘.

Vale.

[발레]

알았어.

Ostras, ¡el café está muy caliente!

[오스뜨라스 엘 까페 에스따 무이 깔리엔떼]

헐, 커피가 너무 뜨거워!

이것만은 꼭!

★ 영업 중이에요?

¿Está abierto?

[에스따 아비에르또]

★ 커피가 매우 뜨거워요.

El café está muy caliente.

[엘 까페 에스따 무이 깔리엔떼]

★ 침대들이 깨끗하지 않아요.

Las camas no están limpias.

[라스 까마스 노 에스딴 림삐아스]

오늘의 연습문제

1 주어진 어휘들을 활용해 한국어 문장을 스페인어로 바꾸세요.

El	cafetería		abierto
La	café	está	limpio
Los	vino	están	caliente
Las	cama		frío

❶ 커피가 차가워. ▶ ____________________

❷ 와인이 매우 뜨거워. ▶ ____________________

❸ 카페들이 열려 있어. ▶ ____________________

❹ 침대들이 깨끗하지 않아. ▶ ____________________

2 다음 형용사의 반대 형용사를 남성 단수 형태로 적으세요.

❶ abierto ▶ ____________________

❷ limpio ▶ ____________________

3 다음 한국어 문장을 스페인어로 바꾸세요.

맥주 하나 주세요.

▶ ____________________

정답 p.263

 아래 가로 세로 낱말 퀴즈를 풀어 보세요!

세로 열쇠	가로 열쇠
❶ 더	❹ 식당
❷ 침대	❺ 이제, 벌써
❸ 건강, 건배	❻ 매우

정답 p.267

Capítulo 09

¿Dónde está el baño?

화장실이 어디예요?

오늘의 주제

- ✔ 위치 이야기하기

오늘의 미션

- ✔ 우리 어디에 있어요?
- ✔ 한국은 중국 옆에 있어요.
- ✔ 나 여기 너와 함께 있어.

MP3 전체 듣기

오늘의 회화

Perdona, ¿dónde está el restaurante Ahora?
[뻬르도나 돈데 에스따 엘 레스따우란떼 아오라]

Está ahí. Pero está cerrado ahora.
[에스따 아이 뻬로 에스따 쎄라도 아오라]

F 저기요, 아오라 식당 어디에 있어요?
M 저기 있어요. 그런데 지금 닫혀 있어요.

어휘

□ la puerta [뿌에르따] 문
□ el hotel [오뗄] 호텔
□ el baño [바뇨] 화장실
□ contigo [꼰띠고] 너와 함께

회화 포인트

스페인은 저녁식사 시간이 늦기 때문에 대부분 식당이 우리나라보다 늦게 닫는 편이에요. 자정 혹은 그 이후에 닫는 곳들도 있답니다.

오늘의 핵심 표현

1 위치를 나타내는 표현

사람이나 사물, 장소 등의 위치를 이야기할 때는 ser 동사가 아닌 estar 동사를 사용해요. 동사 바로 뒤에 사용되는 위치 관련 어휘들을 익혀 보세요!

위치 어휘			
-에	en [엔]	-옆에	al lado de [알 라도 데]
-근처에	cerca de [쎄르까 데]	-멀리에	lejos de [레호스 데]
여기	aquí [아끼]	거기/저기	ahí [아이]

2 estar 동사로 위치 이야기하기

주어 + estar 동사 + 위치 표현

¿Dónde está el baño?
[돈데 에스따 엘 바뇨]
화장실이 어디예요?

(El baño) está ahí.
[엘 바뇨 에스따 아이]
저기 있어요.

Está al lado de la puerta.
[에스따 알 라도 데 라 뿌에르따]
문 옆에 있어요.

Está al lado del restaurante.
[에스따 알 라도 델 레스따우란떼]
식당 옆에 있어요.

¡OJO! de + el = del
전치사 de와 남성 단수 정관사 el이 만나면 항상 del로 써 주세요!
예) Está al lado ~~de el~~ restaurante. (X)
[에스따 알 라도 데 엘 레스따우란떼]

¿Dónde estás (tú)? | 너 어디에 있어?
[돈데 에스따스 뚜]

(Yo) estoy en casa. | 나 집에 있어.
[요 에스또이 엔 까싸]

(Yo) estoy aquí. | 나 여기 있어.
[요 에스또이 아끼]

(Yo) estoy cerca del hotel. | 나 호텔 근처에 있어.
[요 에스또이 쎄르까 델 오뗄]

오늘의 Plus+ 실전 회화

회화문1

¿Dónde estás?

[돈데 에스따스]

너 어디야?

¡Estoy aquí!

[에스또이 아끼]

나 여기 있어!

회화문2

¿Estáis en el hotel?

[에스따이스 엔 엘 오뗄]

너희 호텔이야?

No, pero estoy cerca del hotel.

[노 뻬로 에스또이 쎄르까 델 오뗄]

아니, 근데 호텔 근처에 있어.

Yo estoy en el hotel. Estoy al lado de la cafetería.

[요 에스또이 엔 엘 오뗄 에스또이 알 라도 데 라 까페떼리아]

나는 호텔이야. 카페 옆에 있어.

Eee, perdona. ¿Dónde está el baño?

[에 뻬르도나 돈데 에스따 엘 바뇨]

음, 저기요. 화장실 어디에 있어요?

Está al lado de la puerta.

[에스따 알 라도 데 라 뿌에르따]

문 옆에 있어요.

Muchas gracias. Muy amable.

[무차스 그라씨아스 무이 아마블레]

감사합니다. 매우 친절하시네요.

De nada.

[데 나다]

천만에요.

이것만은 꼭!

★ 우리 어디에 있어요?

¿Dónde estamos (nosotros)?

[돈데 에스따모스 노쏘뜨로스]

★ 한국은 중국 옆에 있어요.

Corea está al lado de China.

[꼬레아 에스따 알 라도 데 치나]

★ 나 여기 너와 함께 있어.

(Yo) estoy aquí contigo.

[요 에스또이 아끼 꼰띠고]

오늘의 연습문제

1 다음 어휘의 한국어 뜻을 적으세요.

❶ al lado de ▶ ______________________

❷ lejos de ▶ ______________________

❸ aquí ▶ ______________________

2 다음 대화의 빈칸에 들어갈 단어를 적으세요.

A: ¿ ❶ ______________ estás?

너 어디야?

B: Estoy cerca ❷ ______________ restaurante.

나 식당 근처야.

A: ¿El restaurante está ❸ ______________?

식당 열려 있어?

3 다음 한국어 문장을 스페인어로 바꾸세요.

한국은 스페인 멀리에 있어요.

▶ ______________________________________

정답 p.263

열정적인 스페인의 수도, 마드리드

16세기 중반부터 스페인의 수도로 자리매김한 마드리드는 풍부한 역사적 유산을 자랑하며, 황금 시대부터 현대에 이르기까지의 예술과 문화를 느낄 수 있는 중요한 장소들이 많이 있어요.

특히 마드리드 왕궁(Palacio Real)과 아름다운 교회들은 과거의 영광을 전하며, 현대적인 건축물들과도 조화를 이루고 있죠.

이곳은 문화적으로도 풍부한 도시인데요, 프라도 미술관(Museo del Prado)과 소피아 왕비 예술 센터(Museo Reina Sofía)를 포함한 다양한 명문 미술관들은 세계적으로 유명한 작품들을 소장하고 있답니다.

또한, 마드리드는 레티로 공원(Parque del Buen Retiro)과 마요르 광장(Plaza Mayor)과 같은 아름다운 장소들도 많이 있어요. 이곳에서는 시민들이 산책을 하거나 다양한 문화 행사를 즐길 수 있어요.

그리고 그란 비아(Gran Vía)와 같은 번화가는 다양한 상점, 극장, 레스토랑 등에서 현대적인 도시 생활을 경험할 수 있는 곳이에요.

역사와 문화, 그리고 현대적인 삶이 어우러진 매력적인 마드리드에서 다양한 명소와 맛있는 음식, 활기찬 거리들을 경험하며 멋진 여행을 즐겨 보세요!

마드리드 여행 

프라도 미술관을 방문할 계획이 있다면 긴 대기줄을 피하기 위해 미리 온라인으로 티켓을 예매하는 것이 좋아요. 공식 웹사이트에서는 일반 입장권 외에도 가이드 투어나 특별 전시회 티켓도 구매할 수 있답니다. 월요일부터 토요일까지는 오후 6시부터 8시, 일요일과 공휴일은 오후 5시부터 7시까지 무료 입장이 가능하지만, 이 시간대는 매우 혼잡할 수 있으니 일찍 가서 줄을 서는 것이 좋아요.

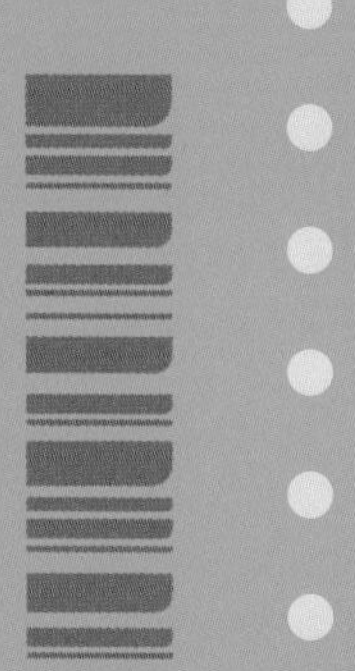

Capítulo 10

Está bueno.

맛있어요.

오늘의 주제

- ✓ ser / estar 동사의 활용
- ✓ ser vs. estar

오늘의 미션

- ✓ 나는 마리아야.
- ✓ 나는 스페인인이고 한국에 있어.
- ✓ 나는 학생이고 항상 바빠.

MP3 전체 듣기

오늘의 회화

Este restaurante es bueno. ¿Vamos?
[에스떼 레스따우란떼 에스 부에노 바모스]

No... Ahí siempre está lleno.
[노 아이 씨엠쁘레 에스따 예노]

F 이 식당 괜찮아. 갈까?
M 아니… 거기 항상 꽉 차 있어.

어휘

- □ este [에스떼] 이
- □ siempre [씨엠쁘레] 항상
- □ vamos [바모스] 가자
- □ lleno [예노] 꽉 찬

회화 포인트

'Vamos.'는 다양한 뜻이 있어요. '가자!, Come on!, 파이팅!'이라는 의미로 사용할 수도 있고 뒤를 올려 물어보는 억양을 띄면 '갈까?'라는 뜻도 된답니다.

오늘의 핵심 표현

1 ser / estar 동사 현재시제 변형 복습

둘 다 '-이다.'라는 뜻이지만 동사변형과 사용법이 전혀 달라요. 이번 시간에 다시 한번 살펴보세요.

	ser	estar
yo	soy	estoy
tú	eres	estás
él/ella/usted	es	está
nosotros/as	somos	estamos
vosotros/as	sois	estáis
ellos/ellas/ustedes	son	están

2 ser 동사의 활용

ser 동사는 보통 변하지 않는 본질을 이야기할 때 사용해요.

이름	(Yo) soy Semi. [요 쏘이 쎄미]	나는 세미야.
직업	Él no es camarero. [엘 노 에스 까마레로]	그는 웨이터가 아니야.
국적	¿De dónde eres (tú)? [데 돈데 에레스 뚜]	너는 어디 출신이야?
외모	(Nosotros) somos guapos. [노쏘뜨로스 쏘모스 구아뽀스]	우리는 잘생겼어.
성격	Ellas son malas. [에야스 쏜 말라스]	그녀들은 나빠.

3 estar 동사의 활용

estar 동사는 변하는 것을 나타낼 때 사용해요.

기분	(Yo) estoy emocionado. [요 에스또이 에모씨오나도]	나는 신났어.
상태	¿Cómo estás (tú)? [꼬모 에스따스 뚜]	너는 어때?
위치	¿Dónde estás (tú)? [돈데 에스따스 뚜]	너는 어디에 있어?

4 ser vs. estar

어떤 형용사들은 ser, estar 두 동사와 함께 쓰여요. 하지만 어떤 동사를 쓰는지에 따라 다른 의미를 가지게 돼요. 두 가지 예를 살펴볼게요.

❶ bueno

El vino es bueno.
[엘 비노 에스 부에노]

와인은 좋은 거야. (와인의 본질)

El vino está bueno.
[엘 비노 에스따 부에노]

와인 맛있다. (마시고 있는 와인의 상태)

❷ guapo

Semi no es guapa.
[쎄미 노 에스 구아빠]

세미는 예쁘지 않아. (세미의 외모)

Semi está guapa.
[쎄미 에스따 구아빠]

세미는 (오늘) 예뻐. (세미의 꾸민 상태)

오늘의 Plus+ 실전 회화

회화문1

¿Dónde estás?

[돈데 에스따스]

너 어디야?

Estoy en casa. Estoy ocupado.

[에스또이 엔 까싸 에스또이 오꾸빠도]

나 집이야. 나 바빠.

회화문2

Daniel es feo.

[다니엘 에스 페오]

다니엘은 못생겼어.

Jajaja. Eres muy mala. Uy, ¿él es Daniel?

[하하하 에레스 무이 말라 우이 엘 에스 다니엘]

ㅋㅋㅋ 넌 정말 나빴어. 앗, 그는 다니엘이야?

Sí, ¡pero hoy está guapo!

[씨 뻬로 오이 에스따 구아뽀]

응, 근데 오늘은 멋있네!

회화문3

¡Hola! ¿Está abierto?

[올라 에스따 아비에르또]

안녕하세요! 영업 중이에요?

Sí. ¿Son dos? Hoy la pasta está buena.

[씨 쏜 도스 오이 라 빠스따 에스따 부에나]

네. 두 분이에요? 오늘 파스타 맛있어요.

Sí, somos dos. Pero estamos llenas.

[씨 쏘모스 도스 뻬로 에스따모스 예나스]

네, 두 명이에요. 그런데 우리 배불러요.

Dos cervezas, por favor.

[도스 쎄르베싸스 뽀르 파보르]

맥주 두 잔 주세요.

Vale. ¿Algo más?

[발레 알고 마스]

알겠어요. 더 필요한 거 없어요?

이것만은 꼭!

★ 나는 마리아야.

(Yo) soy María.

[요 쏘이 마리아]

★ 나는 스페인인이고 한국에 있어.

(Yo) soy española y estoy en Corea.

[요 쏘이 에스빠뇰라 이 에스또이 엔 꼬레아]

★ 나는 학생이고 항상 바빠.

(Yo) soy estudiante y siempre estoy ocupada.

[요 쏘이 에스뚜디안떼 이 씨엠쁘레 에스또이 오꾸빠다]

오늘의 연습문제

1 다음 빈칸에 ser 혹은 estar 동사를 골라 현재시제 변형하여 적으세요.

❶ ¿De dónde ____________________ Olivia?

❷ ¿Dónde ____________________ Olivia?

❸ ¿Olivia ____________________ estudiante?

2 다음 한국어 문장을 스페인어로 바꾸세요.

❶ 너는 매우 피곤해?

▶ ____

❷ 너는 나빠.

▶ ____

3 다음 스페인어 문장을 한국어로 해석하세요.

❶ El café es bueno.

▶ ____

❷ El café está bueno.

▶ ____

정답 p.263

제시된 우리말을 참고하여, 낱말 퍼즐 안에 숨어있는 10가지 단어를 찾아보세요.

B	R	V	C	N	V	T	O	D	O
I	Y	A	J	C	A	F	É	E	T
E	P	M	L	Y	I	D	J	S	G
N	U	O	S	I	E	M	P	R	E
X	E	S	W	Z	Z	Z	R	R	E
K	R	S	C	O	N	T	I	G	O
H	T	G	X	W	X	I	E	Q	H
C	A	F	E	T	E	R	Í	A	O
N	A	V	I	D	A	D	E	N	Y
B	S	C	R	T	V	X	Z	D	Z

❶ 크리스마스	❻ 카페
❷ 질	❼ 문
❸ 모든 것	❽ 너와 함께
❹ 오늘	❾ 가자
❺ 커피	❿ 항상

Capítulo 11

Es gratis, ¿no?

무료이죠?

오늘의 주제

✓ 간접 의문문, 부정 의문문에 대답하기

오늘의 미션

✓ 영업 중이지요?

✓ 이 남자애 잘생겼지?

✓ 너 피곤하지 않아?

MP3 전체 듣기

오늘의 회화

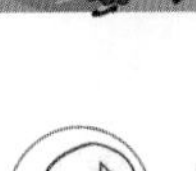

¡Qué rico! Es gratis, ¿no?

Está bueno, ¿eh? Pero no es gratis.

F 너무 맛있다! 무료이죠?
M 맛있지? 그런데 무료 아니야.

¡OJO! 11과부터는 독음이 없어요. 여러분 스스로 읽어 보세요!

어휘

- □ gratis 무료인
- □ rico 맛있는
- □ pero 그러나
- □ el chico 젊은이, 청년

회화 포인트

무엇이라는 의문사 qué 뒤에 형용사, 명사, 부사를 넣으면 감탄문이 돼요. 가장 많이 쓰는 것 중 하나인 ¡Qué rico!는 꼭 외우세요!

오늘의 핵심 표현

1 간접 의문문

평서문 뒤에 ¿no? 혹은 ¿eh? 등을 넣으면 간접 의문문으로 '~지?', '~죠?'라는 의미가 더해져요. ¿eh?가 조금 더 편한 사이에 사용하는 표현이니 예의를 갖춰야 하는 자리에서는 ¿no?를 추천해요.

평서문	(Tú) eres coreano.	너는 한국인이야.
의문문	¿(Tú) eres coreano?	너는 한국인이야?
¿no?	(Tú) eres coreano, ¿no?	너는 한국인이지?
¿eh?	(Tú) eres coreano, ¿eh?	너는 한국인이지?

(Tú) eres coreano, ¿no? 너는 한국인이지?

Sí, (yo) soy coreano. 응, 나는 한국인이야.

No, (yo) no soy coreano. 아니, 나는 한국인이 아니야.

Está bueno, ¿eh? 맛있지?

Sí, está bueno. 응, 맛있어.

No, no está bueno. 아니, 맛없어.

(Vosotros) sois de Corea, ¿no? 너희들은 한국 출신이지?

Sí, (nosotros) somos de Corea. 응, 우리는 한국 출신이야.

No, (nosotros) no somos de Corea. 아니야, 우리는 한국 출신이 아니야.

Él es guapo, ¿eh? 그는 잘생겼지?

Sí, él es guapo. 응, 그는 잘생겼어.

No, él no es guapo. 아니, 그는 잘생기지 않았어.

2 부정 의문문

'~아니야?', '~아니죠?'라고 물어보고 싶을 때는 부정문과 어순이 같으니 뒤를 올려 읽기만 하면 돼요.

부정문	(Tú) no eres coreano.	너는 한국인이 아니야.
부정 의문문	¿(Tú) no eres coreano?	너는 한국인이 아니야?

¿(Tú) no eres coreano? 너는 한국인 아니야?

Sí, (yo) soy coreano. 응, 나는 한국인이야.

No, (yo) no soy coreano. 아니, 나는 한국인이 아니야.

¿No está bueno? 맛있지 않아?

Sí, está bueno. 응, 맛있어.

No, no está bueno. 아니, 맛없어.

¡OJO! 부정의문문은 한국어와 다르게 대답해요. 내 대답이 긍정문이면 Sí, 부정문이면 No로 대답해 주세요.

예) ¿(Tú) no eres coreano? 너는 한국인 아니야?

No, (yo) soy coreano. (X) 아니, 나는 한국인이야. (X)

오늘의 Plus+ 실전 회화

Eres Lucas, ¿no?

너 루카스지?

Sí, soy Lucas.

응, 나는 루카스야.

Sara es tu novia, ¿no?

사라는 너의 여자친구지?

No, mi novia es Lara.

아니, 내 여자친구는 라라야.

Ah, Lara. Es muy guapa, ¿eh?

아, 라라. 정말 예뻐 그치?

Perdona, ¿dónde está el baño?

저기, 화장실 어디 있어요?

Está al lado de la puerta.

문 옆에 있어요.

¿No está sucio?

더럽지 않아요?

No. Está limpio.

아니요. 깨끗해요.

이것만은 꼭!

- 영업 중이지요?

  Está abierto, ¿no?

- 이 남자애 잘생겼지?

  Este chico es guapo, ¿eh?

- 너 피곤하지 않아?

  ¿(Tú) no estás cansado?

오늘의 연습문제

1 다음 문장을 한국어로 해석하세요.

❶ Él es profesor, ¿no? ▶ ______________________

❷ Estás lleno, ¿no? ▶ ______________________

❸ Estás en Corea, ¿no? ▶ ______________________

2 다음 형용사를 스페인어로 적으세요.

❶ 맛있는 ▶ ______________________

❷ 무료인 ▶ ______________________

3 다음 질문에 대답을 스페인어로 적어 보세요.

질문	¿No eres coreano? (너는 한국인 아니야?)

❶ 응, 나는 한국인이야.

▶ ______________________

❷ 아니, 나는 한국인이 아니야.

▶ ______________________

정답 p.263

스페인어권 사람들의 인사법

스페인과 스페인어를 사용하는 중남미 국가들, 예를 들어 멕시코에서는 'beso'라는 특별한 인사법이 널리 사용돼요. 이 인사법은 양쪽 뺨을 번갈아 맞대면서 가볍게 쪽 소리를 내는 방식으로, 친밀감과 애정을 표현할 때 사용된답니다.

인사 방법

Beso를 할 때는 한 쪽 뺨에 먼저 입맞춤을 한 다음, 반대쪽 뺨에도 같은 동작을 해요. 이때 입술이 실제로 피부에 닿지는 않고 공중에서 살짝 닿는 정도예요. 입맞춤할 때 종종 '쪽' 하는 소리가 나는데, 이는 서로의 친근함과 환영의 표시로 받아들여져요.

인사 대상과 상황

남녀 간에는 이 beso가 자주 쓰여서 서로에 대한 호감과 친밀함을 자연스럽게 표현할 수 있어요. 여성들 사이에서도 친구들이나 직장 동료들 간에 아주 흔하게 사용돼요. 반면, 남성들 간의 인사에서는 보통 악수를 하지만, 가족이나 아주 가까운 사이에서는 남성들끼리도 뺨을 맞대고 인사할 수 있어요.

지역에 따른 차이

스페인에서는 보통 오른쪽 뺨부터 시작해 양쪽 뺨에 두 번 입맞춤하는 'dos besos'를 해요. 반면, 중남미 대부분의 지역에서는 오른쪽 뺨에 한 번만 입맞춤하는 'un beso'를 해요. 스페인보다 더 간단하게 표현된답니다.

Capítulo 12

Hablo un poco de español.

저는 스페인어 조금 해요.

오늘의 주제

- ✔ -ar 동사 현재시제 규칙변화 ①

오늘의 미션

- ✔ 너는 말이 많아.
- ✔ 나는 스페인어 잘 못해.
- ✔ 우리는 스페인으로 여행 가.

MP3 전체 듣기

오늘의 회화

Uy, ¡hablas muy bien español!
Eres de aquí, ¿no?

¿Cómo? No, no soy de aquí.

F 어머, 너 스페인어 너무 잘한다! 여기 사람이지?
M 예? 아니야, 여기 출신 아니야.

어휘

- □ uy 어머, 앗
- □ mucho 많은, 많이
- □ cómo 어떻게
- □ a ~로

회화 포인트

아직 영어가 편하더라도 현지인을 만나면 반드시 스페인어로 말을 걸어 보세요. 틀려도 괜찮아요. 현지인들이 여러분을 훨씬 더 친절하게 대할 거예요. '스페인어 잘하네!'하고 칭찬 받으면 꼭 ¡Gracias!하고 대답도 해 주세요.

오늘의 핵심 표현

1 -ar 동사 현재시제 규칙변화

-ar로 끝나는 동사는 주어의 인칭에 맞게 ar 자리를 아래 표처럼 바꿔 줘요.

	-ar
yo	-o
tú	-as
él/ella/usted	-a
nosotros/as	-amos
vosotros/as	-áis
ellos/ellas/ustedes	-an

¡OJO! 스페인어 동사원형은 무조건 -ar, -er, -ir로 끝나며 이 부분을 '어미'라고 해요!

2 -ar 동사 활용하기 : hablar / viajar 동사

	-ar	hablar 말하다	viajar 여행하다
yo	-o	hablo	viajo
tú	-as	hablas	viajas
él/ella/usted	-a	habla	viaja
nosotros/as	-amos	hablamos	viajamos
vosotros/as	-áis	habláis	viajáis
ellos/ellas/ustedes	-an	hablan	viajan

❶ hablar 동사 활용

¿(Tú) hablas español?	너는 스페인어를 해?
Sí, (yo) hablo español.	응, 나는 스페인어를 해.
Sí, (yo) hablo un poco de español.	응, 나는 조금의 스페인어를 해.
Sí, un poco. / un poquito.	응, 조금. / 쬐끔.

¡OJO! -ito를 붙이면 더 작은 단위, 혹은 더 귀엽게 말할 수 있어요!

¿(Tú) hablas español?	너는 스페인어를 해?
No, (yo) no hablo español.	아니, 나는 스페인어를 못해.
Sí, pero (yo) no hablo bien.	응, 그런데 나는 잘하지 못해.

❷ viajar 동사 활용

¿(Tú) viajas mucho?	너는 여행 많이 해?
Sí, (yo) viajo mucho.	응, 나는 여행 많이 해.
No, (yo) no viajo mucho.	아니, 나는 여행 많이 하지 않아.

¿(Tú) viajas a España?	너는 스페인으로 여행 가?
Sí, (yo) viajo a España.	응, 나는 스페인으로 여행 가.
No, (yo) viajo a México.	아니, 나는 멕시코로 여행 가.

오늘의 Plus 실전 회화

¿No hablas coreano?

너는 한국어 못해?

No. Pero hablo español.

못해. 그런데 나는 스페인어는 해.

¿Viajáis mucho?

너희는 여행 많이 해?

Yo no viajo mucho. ¿Y tú, Serena?

나는 많이 여행하지 않아. 너는, 세레나?

Yo viajo mucho.

나는 여행 많이 해.

Encantada. Soy Elisa.

반가워. 나는 엘리사야.

¡Hablas muy bien español!

너는 스페인어를 매우 잘한다!

Gracias. Pero no hablo bien. Mañana viajo a España.

고마워. 그런데 잘 하지는 못해. 내일 나는 스페인으로 여행 가.

¿Ah, sí? ¡Buen viaje!

아, 그래? 좋은 여행하기를!

이것만은 꼭!

- 너는 말이 많아.

  (Tú) hablas mucho.

- 나는 스페인어 잘 못해.

  (Yo) no hablo bien español.

- 우리는 스페인으로 여행 가.

  (Nosotros) viajamos a España.

오늘의 연습문제

1 Hablar 동사 현재시제 변형 표의 빈칸을 채우세요.

인칭 대명사(주어)	**Hablar 동사**
Yo	hablo
Tú	❶
Él, Ella, Usted	habla
Nosotros	hablamos
Vosotros	❷
Ellos, Ellas, Ustedes	❸

2 다음 질문의 대답으로 올 수 없는 문장을 고르세요.

질문 ¿Hablas español?

❶ No, no hablo español.

❷ Sí, hablo español un poco de.

❸ No, yo hablo coreano.

❹ Sí, un poquito.

3 다음 한국어 문장을 스페인어로 바꾸세요.

❶ 당신들은 여행을 많이 하나요?

▶ ______________________________

❷ Lisa는 스페인으로 여행 가.

▶ ______________________________

정답 p.263

스페인어로 다양한 장소를 말해 보세요.

escuela	학교	**banco**	은행
biblioteca	도서관	**correos**	우체국
hospital	병원	**comisaría**	경찰서
farmacia	약국	**aeropuerto**	공항
restaurante	음식점	**hotel**	호텔
supermercado	슈퍼마켓	**grandes almacenes**	백화점
cine	영화관	**parque**	공원
cafetería	카페	**librería**	서점

Capítulo 13

Trabajo en un restaurante.

저는 어떤 식당에서 일해요.

오늘의 주제

- -ar 동사 현재시제 규칙변화 ②
- 부정관사

오늘의 미션

- 우리는 일을 많이 해.
- 너는 춤을 최악으로 춘다.
- 우리 춤 출까?

MP3 전체 듣기

오늘의 회화

Ostras, ¡bailas fatal!

¿Cómo? ¡Qué dices! Bailamos fatal.

F 헐, 너 정말 최악으로 춤춘다!
M 예? 무슨 소리야! 우리는 최악으로 춤추지.

어휘

- □ ostras 헐
- □ qué dices 무슨 소리야!
- □ fatal 최악으로
- □ Seúl 서울

회화 포인트

¿Cómo?는 '어떻게'라는 의문사지만, 상대방의 말을 못 들었을 때 '뭐라고요? 네?'하며 되물을 때도 사용할 수 있어요.

오늘의 핵심 표현

1 -ar 동사 활용하기 : trabajar / bailar 동사

	-ar	trabajar 일하다	bailar 춤을 추다
yo	-o	trabajo	bailo
tú	-as	trabajas	bailas
él/ella/usted	-a	trabaja	baila
nosotros/as	-amos	trabajamos	bailamos
vosotros/as	-áis	trabajáis	bailáis
ellos/ellas/ustedes	-an	trabajan	bailan

¡OJO! Nosotros/as의 동사는 '우리 ~하자'의 형태가 되기도 해요.

❶ trabajar 동사 활용

¿(Tú) trabajas? 너는 일해?

Sí, (yo) trabajo. 응, 나는 일해.

No, (yo) no trabajo. 아니, 나는 일하지 않아.

¿Dónde trabajas (tú)? 너는 어디에서 일해?

(Yo) trabajo en Seúl. 나는 서울에서 일해.

(Yo) trabajo en una cafetería. 나는 어떤 카페에서 일해.

¡OJO! '~에서'처럼 장소를 말할 땐 전치사 en을 사용해요!

❷ bailar 동사 활용

¿(Tú) bailas bien? 너는 춤 잘 춰?

Sí, (yo) bailo bien. 응, 나는 춤 잘 춰.

No, (yo) no bailo bien. 아니, 나는 춤 잘 못 춰.

2 부정관사

부정관사			
남성단수	un	남성복수	unos
여성단수	una	여성복수	unas

¡OJO! '어떤', '한', '몇몇의' 뜻으로, 자세한 내용은 27과에서 학습해요.

(Yo) trabajo en un hotel. 나는 어떤 호텔에서 일해.

(Yo) estoy en un restaurante. 나는 어떤 식당에 있어.

오늘의 Plus+ 실전 회화

¿Dónde trabajas?

너는 어디서 일해?

No trabajo. Soy estudiante.

나는 일 안 해. 나는 학생이야.

Madre mía. Estoy muy cansada.

세상에. 나 너무 피곤해.

Carmen, tú trabajas mucho.

까르멘, 너는 일을 많이 해.

¡Qué dices! Carmen no trabaja.

무슨 소리야! 까르멘 일 안 해.

¡Feliz cumpleaños!

생일 축하해!

Gracias, amiga. ¿Bailamos un poco?

고마워, 친구야. 춤 좀 출까?

No, qué dices. Yo bailo fatal.

아니, 무슨 소리야. 나 춤 정말 못 춰.

¿Y? Estoy muy feliz. ¡Bailamos!

그래서? 나 너무 행복해. 춤 추자!

이것만은 꼭!

★ 우리는 일을 많이 해.

(Nosotros) trabajamos mucho.

★ 너는 춤을 최악으로 춘다.

(Tú) bailas fatal.

★ 우리 춤 출까?

¿Bailamos?

오늘의 연습문제

1 Trabajar 동사의 현재시제 변형을 주어에 맞게 적으세요.

❶ Yo ▶ ______________________

❷ Juan ▶ ______________________

❸ Ellos ▶ ______________________

2 각 질문에 어울리는 대답을 연결하세요.

❶ ¿Usted trabaja? • • a. Sí, trabajamos ahí.

❷ ¿Trabajáis en Seúl? • • b. No, no trabajan.

❸ ¿Semi y Paula trabajan? • • c. No, no trabajo ahora.

3 다음 대화문의 빈칸을 bailar 동사 현재시제 변형으로 채우세요.

A: ¿Tú ❶ ______________________ en casa?

B: No, no ❷ ______________________ en casa.

정답 p.263

퀴즈 Plus

아래 가로 세로 낱말 퀴즈를 풀어 보세요!

세로 열쇠	가로 열쇠
❶ 화장실	❷ 젊은이, 청년
❸ 꽉 찬	❹ 어머, 앗
	❺ 호텔
	❻ 그러나

정답 p.268

Capítulo 14

No como cilantro.

저는 고수 안 먹어요.

오늘의 주제

- -er 동사 현재시제 규칙변화 ①

오늘의 미션

- 너 엄청 많이 먹는다.
- 미안한데 나 고수 안 먹어.
- 생맥주 하나 주세요.

MP3 전체 듣기

오늘의 회화

Oye, tú no comes mucho pero bebes muchísimo.

Jajaja. Esta cerveza está muy buena.
¡Una caña, porfa!

F 야, 너는 많이 안 먹는데 엄청 많이 마신다.
M ㅋㅋㅋ 이 맥주가 너무 맛있네. 생맥 하나 주세요!

어휘

- □ el cilantro 고수
- □ muchísimo 매우 많은/많이
- □ el verano 여름
- □ la caña 생맥주(200-250ml)

회화 포인트

스페인 사람들은 맥주를 사랑해요. 웬만한 술집에는 한 컵 사이즈의 생맥주인 caña를 판매하니 꼭 현지인처럼 이렇게 맥주를 주문해 보세요. ¡Una caña, por favor!

오늘의 핵심 표현

1 -er 동사 현재시제 규칙변화

-er 동사 역시 인칭에 따라 어미를 바꿔 사용해요.

	-er
yo	-o
tú	-es
él/ella/usted	-e
nosotros/as	-emos
vosotros/as	-éis
ellos/ellas/ustedes	-en

2 -er 동사 활용하기 : comer / beber 동사

	-er	comer 먹다	beber 마시다
yo	-o	como	bebo
tú	-es	comes	bebes
él/ella/usted	-e	come	bebe
nosotros/as	-emos	comemos	bebemos
vosotros/as	-éis	coméis	bebéis
ellos/ellas/ustedes	-en	comen	beben

❶ comer 동사 활용

¿Comes mucho? 너는 많이 먹어?

Sí, (yo) como mucho. 응, 나는 많이 먹어.

No, (yo) no como mucho. 아니, 나는 많이 안 먹어.

¿Comes cilantro? 너는 고수 먹어?

Sí, (yo) como cilantro. 응, 나는 고수 먹어.

No, (yo) no como cilantro. 아니, 나는 고수 안 먹어.

❷ beber 동사 활용

¿Bebes cerveza? 너는 맥주 마셔?

Sí, (yo) bebo cerveza. 응, 나는 맥주 마셔.

No, (yo) no bebo cerveza. 아니, 나는 맥주 안 마셔.

¿Qué bebes? 너는 뭐 마셔?

(Yo) bebo vino. 나는 와인 마셔.

(Yo) bebo tinto de verano. 나는 띤또 데 베라노 마셔.

오늘의 Plus+ 실전 회화

¿Comes kimchi?

너는 김치 먹어?

Sí, como kimchi. Soy coreano.

응, 나는 김치 먹어. 나는 한국인이야.

¿Dónde comemos?

우리 어디서 먹지?

Comemos en tu casa.

우리 너의 집에서 먹자.

Buena idea. Tu casa está cerca de aquí.

좋은 생각이야. 너의 집은 여기서 가까워.

¡Qué rico! Está muy bueno.

진짜 맛있다! 매우 맛있어.

¿Comes cilantro?

너는 고수를 먹어?

Sí, muchísimo. ¿Qué bebes?

응, 엄청 많이. 너는 뭘 마셔?

Cerveza. Yo no bebo vino.

맥주. 나는 와인 안 마셔.

이것만은 꼭!

★ 너 엄청 많이 먹는다.

(Tú) comes muchísimo.

★ 미안한데 나 고수 안 먹어.

Perdón, pero (yo) no como cilantro.

★ 생맥주 하나 주세요.

Una caña, por favor.

오늘의 연습문제

1 Comer 동사 현재시제 변형 표의 빈칸을 채우세요.

인칭 대명사(주어)	Comer 동사
Yo	como
Tú	comes
Él, Ella, Usted	❶
Nosotros	❷
Vosotros	❸
Ellos, Ellas, Ustedes	comen

2 다음 한국어 문장들을 스페인어로 바꾸세요.

❶ 나는 집에서 맥주를 마셔.

▶ ______________________________

❷ 나는 고수를 먹지 않아.

▶ ______________________________

3 다음 문장들 중 틀린 부분을 찾아 바르게 고치세요.

❶ Comes muchísim.

▶ ______________________________

❷ Yo no bebe cerveza fría.

▶ ______________________________

❸ Un caña, por favor.

▶ ______________________________

정답 p.263

플라멩코가 시작된 안달루시아의 보석, 세비야

세비야는 안달루시아 지방의 수도로, 스페인에서 가장 아름다운 도시 중 하나랍니다. 이 도시는 고대부터 전해 내려오는 역사적인 유적과 풍부한 문화적 유산을 자랑하며, 현대적인 생활과도 완벽하게 어우러져 있어요.

세비야는 다양한 건축양식을 통해 그 독특한 매력을 수백 년 동안 고스란히 전하고 있어요. 특히 세계 문화 유산에 등재되어 있는 세비야 대성당(Catedral de Sevilla)은 세계에서 가장 큰 고딕 양식 성당 중 하나로, 예전 모스크를 개조하여 건립된 건축물이에요. 또한 모로 문화와 기독교 문화의 결합을 보여주는 알카사르 궁전(Real Alcázar de Sevilla)은 세비야의 아름다운 정원과 함께 도시의 상징적인 장소로 자리잡고 있어요.

또 세비야는 플라멩코의 발상지로도 유명하답니다. 플라멩코는 스페인의 전통 음악과 춤으로, 이 도시에서는 전통적인 플라멩코 공연을 즐길 수 있는 많은 기회가 있어요. 플라멩코 공연장들은 세비야 곳곳에 흩어져 있으며, 현지 아티스트들의 열정적인 연주와 춤이 방문객들에게 깊은 인상을 남기고 있죠.

그리고 따뜻하고 포근한 날씨가 지속되는 세비야 곳곳에는 다채로운 식물과 나무가 풍부하게 자라고 있어서 자연의 아름다움도 함께 느낄 수 있어요.

플라멩코와 함께 세비야 곳곳의 역사적 공간과 예술적 장소들을 탐험하면서, 스페인의 정열과 아름다움을 느껴 보세요!

세비야 여행 

세비야의 4월 축제(Feria de Abril)는 매년 4월 부활절 2주 뒤 월요일부터 일요일까지 열리는 스페인 최대 규모의 축제예요. 화려한 의상, 전통적인 음악, 춤, 음식 등이 어우러지기 때문에, 스페인 문화를 체험하고자 하는 관광객들에게 특별한 경험을 제공한답니다!

Capítulo 15

Creo que sí.

그런 것 같아.

오늘의 주제

- -er 동사 현재시제 규칙변화 ②

오늘의 미션

- 나는 스페인어를 배워.
- 그런 것 같아.
- 나는 너 말 안 믿어. (설마.)

MP3 전체 듣기

오늘의 회화

¿De verdad? ¿Hablas español? No te creo.

Sí, aprendo español con Semi.

F 정말로? 너 스페인어를 해? 설마.
M 응, 나 세미랑 스페인어 배워.

어휘

- □ de verdad 정말로
- □ te 너에게/너를
- □ con ~와 함께
- □ qué 무엇

회화 포인트

우리도 '진짜로? 정말로?'를 말버릇처럼 하듯 스페인어권 사람들도 ¿De verdad?을 상대방의 말에 대한 호응으로 자주해요. 여러분도 대화 중 어떻게 반응해야 할지 모르겠다면 한번 써 보세요!

오늘의 핵심 표현

1 -er 동사 활용하기 : aprender / creer 동사

	-er	aprender 배우다	creer 믿다, 생각하다
yo	-o	aprendo	creo
tú	-es	aprendes	crees
él/ella/usted	-e	aprende	cree
nosotros/as	-emos	aprendemos	creemos
vosotros/as	-éis	aprendéis	creéis
ellos/ellas/ustedes	-en	aprenden	creen

❶ aprender 동사 활용

¿Aprendes español? 너는 스페인어를 배워?

Sí, (yo) aprendo español. 응, 나는 스페인어를 배워.

No, (yo) no aprendo español. 아니, 나는 스페인어를 안 배워.

¿Aprendéis a bailar? 너는 춤 추는 것을 배워?

Sí, (nosotros/as) aprendemos a bailar. 응, 우리는 춤 추는 것을 배워.

No, (nosotros/as) no aprendemos a bailar. 아니, 우리는 춤 추는 것을 안 배워.

¡OJO! 동사를 배운다고 할 때는 동사원형 앞에 전치사 a를 넣어줘요. 'aprender a 동사원형'

❷ creer 동사 활용

(Yo) creo que sí. 내 생각에는 그래. (=그런 것 같아.)

(Yo) creo que no. 내 생각에는 아니야. (=아닌 것 같아.)

(Yo) creo que está cerrado. 내 생각에는 닫았어. (=닫은 것 같아.)

(Yo) creo que Semi es guapa. 내 생각에는 세미 예뻐.

¿(Tú) crees que comemos mucho? 네 생각에는 우리가 많이 먹는 것 같아?

(Nosotros) creemos que eres majo. 우리 생각에는 너는 나이스해.

¿Qué crees (tú)? 넌 뭐라고 생각해? (=넌 어떻게 생각해?)

¿(Tú) crees? 넌 그렇게 생각해?

(Yo) te creo. 난 네 말 믿어.

(Ellos) te creen. 그들은 네 말 믿어.

오늘의 Plus+ 실전 회화

Aprendo español.

나는 스페인어를 배워.

¿De verdad? ¡Yo hablo español!

정말로? 나 스페인어 해!

¿Isa es de Corea?

이싸 한국 출신이야?

Sí, es coreana.

응, 한국인이야.

Creo que no. No habla coreano.

아닌 것 같아. 한국어를 못해.

회화문3

¿Qué aprendes?

너는 뭘 배워?

Aprendo a bailar tango.

나는 탱고 추는 것을 배워.

¿De verdad? ¿Bailas bien?

진짜로? 춤 잘 춰?

Creo que sí. Creo que no bailo mal.

그런 것 같아. 못 추지 않는 것 같아.

이것만은 꼭!

- 나는 스페인어를 배워.

  (Yo) aprendo español.

- 그런 것 같아.

  (Yo) creo que sí.

- 나는 너 말 안 믿어. (설마.)

  (Yo) no te creo.

오늘의 연습문제

1 다음 한국어 문장에 맞게 Aprender 동사의 현재시제 변형을 적으세요.

❶ 너는 배운다. ▶ ______________________

❷ 우리는 배운다. ▶ ______________________

❸ 너희는 배운다. ▶ ______________________

2 다음 질문의 대답으로 올 수 없는 문장을 고르세요.

질문	¿Ella aprende español?

❶ Creo que sí.

❷ Creo que no.

❸ Sí, aprende español.

❹ Te creo.

3 다음 한국어 문장들을 스페인어로 바꾸세요.

❶ 나는 스페인어를 배워.

▶ ______________________

❷ 너는 어떻게 생각해?

▶ ______________________

❸ 진짜로?

▶ ______________________

정답 p.264

제시된 우리말을 참고하여, 낱말 퍼즐 안에 숨어있는 10가지 단어를 찾아보세요.

C	I	G	Y	E	G	D	W	K	X
A	Y	X	T	B	R	I	C	O	T
Ñ	L	F	A	T	A	L	C	C	S
A	Z	V	Ñ	J	T	D	O	F	N
Q	K	U	W	Y	I	S	N	E	X
U	Ú	D	A	F	S	I	K	M	M
É	H	C	Ó	M	O	G	X	V	U
I	P	O	S	T	R	A	S	Á	C
E	R	Q	F	D	M	Z	U	L	H
S	Ú	V	E	R	A	N	O	B	O

❶ 무료인	❻ 최악으로
❷ 맛있는	❼ 여름
❸ 어떻게	❽ 생맥주
❹ 많은, 많이	❾ ~와 함께
❺ 헐	❿ 무엇

정답 p.268

Capítulo 16

¿Compartimos?

쉐어할까?

오늘의 주제

- ✓ -ir 동사 현재시제 규칙변화

오늘의 미션

- ✓ 너는 스페인에 살아?
- ✓ 나는 혼자 살아.
- ✓ 우리 파에야 하나 쉐어할까?

MP3 전체 듣기

오늘의 회화

Oye, ¿quién es esta chica? Yo no te comparto.

Es mi hermana. Vivo con ella.

F 얘, 이 여자애 누구야? 난 너 공유 안 해.
M 내 여자형제야. 나 걔랑 같이 살아.

어휘

- □ quién 누구
- □ la paella 파에야
- □ la hermana 여자형제
- □ solo 혼자인

회화 포인트

파에야는 스페인의 쌀 요리예요. 해산물이 들어간 음식으로 알려져 있지만 지역마다 또 사람마다 돼지고기, 닭고기, 토끼고기 등 다양한 재료를 넣어 만들어요.

오늘의 핵심 표현

1 -ir 동사 현재시제 규칙변화

-ir 동사는 nosotros, vosotros 형태에서만 i가 들어가고 나머지 인칭 변형은 -er 동사와 똑같아요.

	-ir
yo	-o
tú	-es
él/ella/usted	-e
nosotros/as	-imos
vosotros/as	-ís
ellos/ellas/ustedes	-en

2 -ir 동사 활용하기 : vivir / compartir 동사

	-ir	vivir 살다	compartir 공유하다
yo	-o	vivo	comparto
tú	-es	vives	compartes
él/ella/usted	-e	vive	comparte
nosotros/as	-imos	vivimos	compartimos
vosotros/as	-ís	vivís	compartís
ellos/ellas/ustedes	-en	viven	comparten

❶ vivir 동사 활용

¿Dónde vives?	너는 어디에 살아?
(Yo) vivo en Corea.	나는 한국에 살아.
(Yo) vivo cerca de Seúl.	나는 서울 근처에 살아.
¿Vives solo/sola?	너는 혼자 살아?
Sí, (yo) vivo solo/sola.	응, 나는 혼자 살아.
No, (yo) no vivo solo/sola.	아니, 나는 혼자 살지 않아.
(Yo) vivo con mi familia.	나는 내 가족이랑 살아.

¡OJO! solo는 형용사이므로 성수일치에 주의하세요!

❷ compartir 동사 활용

¿(Nosotros) compartimos?	우리 쉐어할까?
Sí, compartimos. Es mucho.	응, 쉐어하자. 많아.
Sí, compartimos. Estoy lleno.	응, 쉐어하자. 나 배불러.
No, (yo) como mucho.	아니, 나 많이 먹어.

오늘의 Plus+ 실전 회화

Oye, ¿vives cerca de aquí?

얘, 너 이 근처 살아?

No, vivo muy lejos de aquí.

아니, 나는 여기서 매우 멀리 살아.

¿Compartimos una paella?

우리 파에야 하나 쉐어할까?

Sí. Buena idea. Yo no como mucho.

응. 좋은 생각이야. 나 많이 안 먹어.

Vale. Yo estoy llena. Creo que es mucho.

알았어. 나는 배불러. 많은 것 같아.

¡Hola! Mi casa es tu casa, ¿eh?

안녕! 우리 집은 네 집이다잉? (편하게 생각해.)

¿Vives sola? ¿Dónde está el baño?

너 혼자 살아? 화장실 어디 있어?

Vivo con mi hermano. El baño, aquí.
Compartimos el baño.

난 내 남자형제랑 살아. 화장실, 여기. 우리는 화장실 쉐어해.

Uy, ¡el baño está muy sucio!

앗, 화장실이 너무 더러워!

이것만은 꼭!

★ 너는 스페인에 살아?

¿(Tú) vives en España?

★ 나는 혼자 살아.

(Yo) vivo solo/sola.

★ 우리 파에야 하나 쉐어할까?

¿(Nosotros) compartimos una paella?

오늘의 연습문제

1 Vivir 동사 현재시제 변형 표의 틀린 부분을 세 군데 찾아 고치세요.

인칭 대명사(주어)	Vivir 동사
Yo	vivo
Tú	vivis
Él, Ella, Usted	vive
Nosotros	vivemos
Vosotros	vivís
Ellos, Ellas, Ustedes	vivin

❶ ____________________

❷ ____________________

❸ ____________________

2 다음 질문의 대답으로 적절하지 않은 것을 고르세요.

질문 ¿Dónde vives?

❶ Vivo con mi novia.

❷ Vivo en Corea.

❸ Vivo aquí.

❹ Vivo al lado de un hotel.

3 다음 문장들 중 틀린 부분을 찾아 바르게 고치세요.

❶ Ella vive solo. ▶ ____________________

❷ ¿Compartemos una paella? ▶ ____________________

❸ ¿Vives en tu familia? ▶ ____________________

정답 p.264

스페인에서는 점심을 저녁처럼!

한국 사람들은 저녁을 푸짐하게 즐기는 반면에 스페인 사람들은 점심에 만찬을 즐긴답니다. 스페인 사람들은 우리가 일반적으로 먹는 아침, 점심, 저녁 사이에 간식을 한 번씩 더 먹기 때문에 하루에 밥을 다섯 번을 먹는다는 이야기를 많이 해요.

스페인에서 보통 아침은 7시 30분~9시, 점심은 오후 2시~4시, 저녁은 밤 9시~11시 사이에 먹어요. 하루 식사 중 가장 중점을 두는 것은 점심 식사로 대개 수프나 샐러드, 생선요리, 메인 요리, 그리고 디저트까지 천천히 많이 먹어요. 점심 시간이 길기 때문에 집에서 점심을 먹고 오는 직장인들도 많죠. 마치고 일터로 돌아오는 사람들로 점심시간 이후에는 잠시 러시아워가 되기도 한다네요.

그럼 스페인의 식당 메뉴와 관련된 표현 몇 가지를 알아볼까요?

El menú del día
오늘의 메뉴

El primer plato
전채 요리

El segundo plato
메인 요리

El postre
후식

Capítulo 17

Pues, sí.

맞아.

오늘의 주제

✔ 규칙동사 복습

오늘의 미션

✔ 너의 형제는 스페인어 해?
✔ 응. 그는 스페인어 배우고 있거든.
✔ 그의 여자친구도 스페인어 해.

MP3 전체 듣기

오늘의 회화

Madre mía. La pizza está carísima.
¿Compartimos una pizza?

Buena idea. ¿Comemos aquí?

F 세상에. 피자 완전 비싸다. 피자 하나 쉐어할까?
M 좋은 생각. 여기서 먹을까?

어휘

- □ pues 음, 그러면
- □ es que 그게 ~거든
- □ su 그의, 그녀의, 당신의
- □ también ~도

회화 포인트

무언가를 보거나 듣고 놀랐을 때 쓸 수 있는 표현을 여러가지를 봤죠! 잘 외워 두었다가 활용해 보세요!
Madre mía(세상에), Uy(앗), ¿De verdad?(진짜로?), Ostras(헐)

오늘의 핵심 표현

1 -ar / -er / -ir 동사 현재시제 규칙변화 복습

	-ar	-er	-ir
yo	-o	-o	-o
tú	-as	-es	-es
él/ella/usted	-a	-e	-e
nosotros/as	-amos	-emos	-imos
vosotros/as	-áis	-éis	-ís
ellos/ellas/ustedes	-an	-en	-en

2 학습한 동사 복습

-ar	hablar	말하다	viajar	여행하다
	trabajar	일하다	bailar	춤추다
-er	comer	먹다	beber	마시다
	aprender	배우다	creer	믿다, 생각하다
-ir	vivir	살다	compartir	쉐어하다

¿Hablas español? 너는 스페인어를 해?

Sí, hablo un poco de español. 응, 나는 스페인어를 조금 해.

Sí, pero no hablo bien. 응, 그런데 잘하지 못해.

¿Viajáis mucho a España?	너희는 스페인으로 많이 여행 가?
Sí, viajamos mucho a España.	응, 우리는 스페인으로 많이 여행 가.
No, vivimos en España.	아니, 우리는 스페인에 살아.
¿Compartimos una pizza?	우리 피자 하나 쉐어할까?
Sí, compartimos.	응, 쉐어하자.
No, yo como muchísimo.	아니, 나는 엄청 많이 먹어.
¿Ellas trabajan en Seúl?	그녀들은 서울에서 일해?
Sí, trabajan en Seúl.	응, 서울에서 일해.
Creo que no trabajan en Seúl.	서울에서 일한다고 생각하지 않아.
¿Usted no bebe cerveza?	당신은 맥주를 안 마셔요?
Sí, bebo cerveza.	네, 맥주 마셔요.
No, yo bebo vino.	아니요, 저는 와인 마셔요.

오늘의 Plus 실전 회화

¿Tú vives solo?

너 혼자 살아?

Pues, no. Yo vivo con mi hermano.

아니, 나는 내 남자형제랑 살아.

Daniel viaja mucho a Argentina.

다니엘은 아르헨티나로 많이 여행 가.

¿Él trabaja en Argentina?

걔 아르헨티나에서 일해?

No. Su novia vive ahí.

아니, 그의 여자친구가 거기 살아.

Carlos y yo compartimos una pizza.

까를로스랑 나랑 피자 하나 쉐어할게.

¿Cómo? No te creo. Vosotros coméis muchísimo.

예? 난 네 말 안 믿어. 너희 엄청 많이 먹잖아.

Ay, y tú hoy hablas muchísimo.

아이고, 그러는 너는 오늘 엄청 말 많다.

Pues, sí. Es que estoy contento hoy.

음, 맞아. 나 오늘 기분 좋거든.

이것만은 꼭!

너의 형제는 스페인어 해?

¿Tu hermano habla español?

응. 그는 스페인어 배우거든.

Pues, sí. Es que (él) aprende español.

그의 여자친구도 스페인어 해.

Su novia también habla español.

오늘의 연습문제

1 다음 중 현재시제 동사변형이 잘못된 문장을 고르세요.

❶ Yo bailo.

❷ Vosotros aprendéis.

❸ Nosotros creimos.

❹ Usted comparte.

2 다음 대화문의 빈칸에 들어갈 동사를 알맞게 변형하세요.

A: ¿Tú ❶ ________________ (vivir) aquí?

B: No, pero yo ❷ ________________ (trabajar) cerca de aquí.

A: ¿Ellos ❸ ________________ (comer) mucho?

B: Sí. Y (ellos) ❹ ________________ (beber) mucho también.

3 다음 한국어 문장들을 스페인어로 바꾸세요.

❶ 좋은 생각.

▶ ________________________________

❷ 나도.

▶ ________________________________

정답 p.264

 스페인어로 다양한 음식과 음료 관련 어휘를 말해 보세요.

el arroz	쌀	**la hamburguesa**	햄버거
el pan	빵	**la agua**	물
el espagueti	스파게티	**el zumo**	주스
la carne	고기	**el té**	차
el bocadillo	샌드위치	**el refresco**	청량음료
la ensalada	샐러드	**el café**	커피
la sopa	수프	**la cerveza**	맥주
el marisco	해산물	**el vino**	와인

Capítulo 18

Aprender español es divertido.

스페인어를 배우는 것은 재미있어요.

오늘의 주제

✓ 동사원형 주어 문장

오늘의 미션

✓ 위험해?
✓ 매우 재밌어!
✓ 스페인어를 말하는 것은 쉽지 않아.

MP3 전체 듣기

오늘의 회화

Mañana viajo sola a México.

De verdad? Cuidado. Viajar solo es peligroso.
¡Buena suerte!

F 나는 내일 혼자 멕시코로 여행 가.
M 진짜로? 조심해. 혼자 여행하는 것은 위험해. 굿럭!

어휘

- □ mañana 내일
- □ la suerte 운
- □ el cuidado 주의, 조심
- □ todos los días 매일

회화 포인트

혼자 여행은 남자든 여자든 항상 주의해야 해요. 인적이 드문 곳은 피하고 어두워지기 전에 숙소로 돌아가세요. 밤에 나가고 싶다면 꼭 누군가와 함께 나가야 해요. 여러분이 남자라도요!

오늘의 핵심 표현

1 동사원형 주어 문장

동사를 주어로 쓸 때는 원형을 사용해요. 또한 동사 원형이 주어이기 때문에 형용사는 성과 수를 바꿀 필요 없이 남성단수형을 사용해요.

동사원형 ~하는 것	+ es +		divertido	재미있는
			peligroso	위험한
			fácil	쉬운
			difícil	어려운
			bueno	좋은
			malo	나쁜

2 동사원형 주어 활용

Hablar español 스페인어를 말하는 것	es	divertido	difícil
		peligroso	bueno
		fácil	malo

Beber todos los días 매일 마시는 것	es	divertido	difícil
		peligroso	bueno
		fácil	malo

Aprender español 스페인어를 배우는 것	es	divertido	difícil
		peligroso	bueno
		fácil	malo

Bailar flamenco 플라멩코를 추는 것	es	divertido	difícil
		peligroso	bueno
		fácil	malo

Viajar solo 혼자 여행하는 것	es	divertido	difícil
		peligroso	bueno
		fácil	malo

Trabajar en Corea 한국에서 일하는 것	es	divertido	difícil
		peligroso	bueno
		fácil	malo

Hablar español **es difícil.** 스페인어를 말하는 것은 어렵다.

Beber todos los días **es peligroso.** 매일 술 마시는 것은 위험하다.

Aprender español **es divertido.** 스페인어를 배우는 것은 재미있다.

Bailar flamenco **no es malo.** 플라멩코를 추는 것은 나쁘지 않다.

Viajar solo **es bueno.** 혼자 여행하는 것은 좋다.

Trabajar en Corea **no es fácil.** 한국에서 일하는 것은 쉽지 않다.

¡OJO! 1. 부정어 no의 위치는 동사 앞이에요.
2. 동사원형 주어 문장의 어순은 자유로워요! 주어가 통째로 형용사 뒤에 들어가도 됩니다.
예) No es fácil trabajar en Corea.

오늘의 Plus+ 실전 회화

Como mucho, ¿no?

나 많이 먹지?

Creo que sí. Comer mucho no es bueno.

그런 것 같아. 많이 먹는 것은 좋지 않아.

¿Bailamos?

우리 춤 출까?

No. Yo bailo fatal.

아니. 나 춤 정말 못 춰.

¡Qué dices! ¡Bailamos! ¡Bailar es muy divertido!

무슨 소리야! 춤 추자! 춤추는 것은 매우 재밌어!

Oye, tú trabajas mucho.

야, 너 많이 일한다.

¿Tú crees? Pues, sí. Trabajo mucho.

그렇게 생각해? 음, 맞아. 난 많이 일해.

Es que es malo trabajar todos los días.

매일 일하는 것은 나쁘거든.

Vale. Creo que es peligroso.

알았어. 내 생각에는 위험한 것 같아.

이것만은 꼭!

- 위험해?

  ¿Es peligroso?

- 매우 재밌어!

  ¡Es muy divertido!

- 스페인어를 말하는 것은 쉽지 않아.

  Hablar español no es fácil.

오늘의 연습문제

1 다음 형용사를 한국어로 적으세요.

❶ divertido ▶ ____________________

❷ bueno ▶ ____________________

❸ malo ▶ ____________________

2 다음 중 문법적으로 <u>틀린</u> 것을 고르세요.

❶ Compartir es bueno.

❷ No es divertido trabajar.

❸ No es malo viajar.

❹ Es divertido aprendo español.

3 다음 문장을 스페인어로 바꾸세요.

❶ 혼자 사는 것은 위험해.

▶ ____________________

❷ 스페인어를 말하는 것은 어려워.

▶ ____________________

❸ 먹는 것은 쉬워.

▶ ____________________

정답 p.264

퀴즈 Plus

아래 가로 세로 낱말 퀴즈를 풀어 보세요!

세로 열쇠	가로 열쇠
❶ 매우 많은/많이	❸ 서울
❷ 누구	❹ 그의, 그녀의, 당신의
❸ 혼자인	❺ 고수

정답 p.268

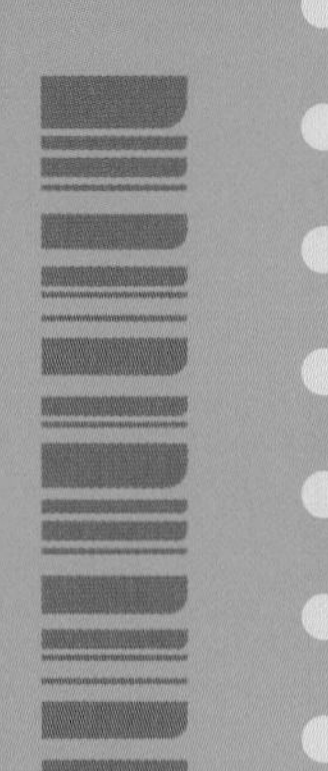

Capítulo 19

No sé.

글쎄.

오늘의 주제

- ✓ saber 동사

오늘의 미션

- ✓ 너 그거 알아?
- ✓ 나는 아무것도 몰라.
- ✓ 너는 영어 할 줄 알아?

MP3 전체 듣기

오늘의 회화

¡David no está aquí! ¿Sabes algo de él?

Ni idea. No sé nada de él. Ah, sé que no está aquí.

F 다빋 여기 없네! 그에 대해 뭐 좀 알아?
M 전혀 몰라. 난 그에 대해 아무것도 몰라.
아, 걔가 여기 없다는 거 알지.

어휘

- □ el inglés 영어
- □ nada 아무것도
- □ lo 그것을, 그를
- □ algo 무언가

회화 포인트

'몰라.'는 오늘 배우는 동사인 saber를 이용해, No sé 라고 하기도 하고 '전혀 몰라.'라고 Ni idea.라고 하기도 해요.

오늘의 핵심 표현

1 saber 동사

saber 동사는 -er 동사이면서 1인칭 단수(yo)에서는 불규칙으로 바뀌는 동사예요. '나는 알아.'라고 할 때는 sabo가 아니라 sé라고 하죠. 이 형태는 꼭 외우세요!

	-er	saber 알다
yo	-o	sé
tú	-es	sabes
él/ella/usted	-e	sabe
nosotros/as	-emos	sabemos
vosotros/as	-éis	sabéis
ellos/ellas/ustedes	-en	saben

¡OJO! 1인칭 단수 불규칙 형태를 꼭 기억하세요!

2 saber 동사 활용

❶ saber 동사원형 : ~을 할 줄 알다.

¿(Tú) sabes hablar español? 너 스페인어 할 줄 알아?

Sí, (yo) sé hablar español. 응, 나 스페인어 할 줄 알아.

No, (yo) no sé hablar español. 아니, 나 스페인어 할 줄 몰라.

¿(Vosotros) sabéis bailar salsa? 너희 살사 출 줄 알아?

Sí, (nosotros) sabemos bailar salsa. 응, 우리 살사 출 줄 알아.

No, (nosotros) no sabemos bailar salsa. 아니, 우리 살사 출 줄 몰라.

❷ saber que 문장 : ~을 알다.

¿(Tú) sabes que Semi es cubana?	너는 세미가 쿠바 사람인 것을 알아?
Sí, (yo) sé que Semi es cubana.	응, 나는 세미가 쿠바 사람인 것을 알아.
Sí, (yo) lo sé.	응, 나는 그것을 알아.
¿(Tú) sabes que Semi está en España?	너 세미가 스페인에 있는 거 알아?
Sí, (yo) sé que Semi está en España.	응, 나는 세미가 스페인에 있는 거 알아.

❸ saber de 명사 : ~에 대해 알다.

(Yo) sé un poco de Alma.	나는 알마에 대해 조금 알아.
(Yo) no sé nada de BTS.	나는 BTS에 대해 아무것도 몰라.
¿(Tú) sabes algo de España?	너는 스페인에 대해 뭐 좀 알아?

오늘의 Plus+ 실전 회화

¿Sabes que mi novio habla español?

내 남자친구가 스페인어 하는 거 알아?

Sí, lo sé. Es mi amigo.

응, 나 그거 알아. 걔 내 친구잖아.

¿Sabéis hablar chino?

너희 중국어 할 줄 알아?

Yo no sé hablar chino.

나는 중국어 할 줄 몰라.

Yo sé hablar chino. Aprendo chino.

나는 중국어 할 줄 알아. 나는 중국어 배워.

회화문3

Estoy cansada. Comemos en casa.

나 피곤해. 우리 집에서 먹자.

Oye. Hoy es mi cumpleaños.

야, 오늘 내 생일이야.

¡Ostras! ¿Hoy es tu cumpleaños?

헐! 오늘 너 생일이야?

¿Sabes qué? ¡Tú no sabes nada!

그거 알아? 넌 아무것도 몰라!

이것만은 꼭!

- 너 그거 알아?

  ¿(Tú) sabes qué?

- 나는 아무것도 몰라.

  (Yo) no sé nada.

- 너는 영어 할 줄 알아?

  ¿(Tú) sabes hablar inglés?

오늘의 연습문제

1 다음 한국어 표현을 스페인어로 적으세요.

❶ 무언가 ▶ ____________________

❷ 전혀 몰라. ▶ ____________________

2 한국어 뜻을 참고하여 다음 메시지 빈칸에 들어갈 어휘를 적으세요.

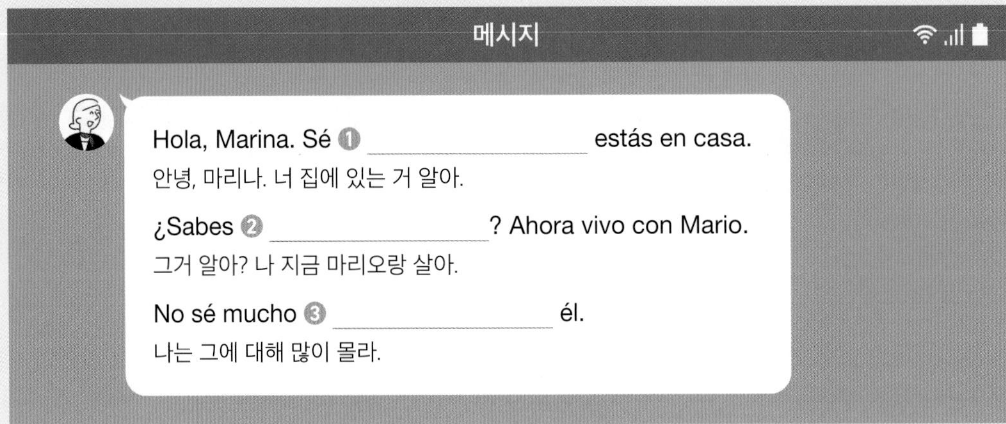

메시지

Hola, Marina. Sé ❶ __________ estás en casa.
안녕, 마리나. 너 집에 있는 거 알아.

¿Sabes ❷ __________? Ahora vivo con Mario.
그거 알아? 나 지금 마리오랑 살아.

No sé mucho ❸ __________ él.
나는 그에 대해 많이 몰라.

3 다음 한국어 문장들을 스페인어로 바꾸세요.

❶ 나 그거 알아.

▶ ____________________

❷ 나 아무것도 몰라.

▶ ____________________

정답 p.264

역사와 현대가 조화를 이루는 곳, 발렌시아 지방

스페인 동부에 위치한 발렌시아 지방은 역사와 현대가 조화를 이루며 다채로운 매력을 자랑하는 곳으로 유명해요.

발렌시아는 로마 제국과 알 안달루스(Al-Andalus) 이슬람 왕국을 비롯한 여러 문화와 역사적 시기의 영향을 깊이 받아왔어요. 그래서 이 도시는 도심 곳곳에 퍼져 있는 풍부한 이슬람 문화 유산으로 장식되어 있죠.

발렌시아는 스페인의 문화적 중심지로서, 활기찬 예술과 음악 행사가 자주 열리는 장소로도 유명해요. 특히 발렌시아 미술 박물관 (Museo de Bellas Artes de Valencia)과 오페라 공연장인 레이나 소피아 예술궁전(Palau de les Arts Reina Sofía)은 국제적으로도 유명해서 세계 각지에서 많은 방문객들이 찾아와요.

무엇보다도 이 도시에는 현대적인 건축물과 고대 유적지가 공존하고 있어 독특한 매력을 뽐내는데요, 발렌시아 대성당(Catedral de Santa María de Valencia), 실크 교역소(La Lonja de la Seda)와 같은 주요 랜드마크들은 발렌시아의 독특한 건축 매력을 잘 보여줘요.

또한 여행에서는 맛있는 음식도 빼놓을 수 없겠죠? 스페인의 요리 중심지 중 한 곳인 발렌시아는 유명한 요리인 파에야의 고향으로도 잘 알려져 있어요. 이곳에 방문한다면 파에야와 함께 맛있는 해산물 요리를 즐길 수 있답니다.

역사와 현대가 만나는 매력적인 발렌시아에서 푸짐한 해산물 요리와 함께하는 즐거운 시간을 만끽해 보세요!

발렌시아 지방 여행 

발렌시아는 지중해성 기후로 여름은 덥고 건조하며, 겨울은 온화한 편이에요. 여름에는 가벼운 옷과 선크림, 모자를 준비하고, 겨울에도 가벼운 재킷 정도면 충분하답니다. 그리고 발렌시아는 대중교통이 잘 갖춰져 있어 이동이 편리해요. 특히 발렌시아 투어리스트 카드를 사용하면 대중교통과 주요 관광지의 입장료를 할인받을 수 있어요!

Capítulo 20

¿Me conoces?

너 나 알아?

오늘의 주제

- conocer 동사

오늘의 미션

- 나 너 알아!
- 나는 세미를 개인적으로 몰라.
- 나는 푸에르토리코 가 봤어.

MP3 전체 듣기

오늘의 회화

Oye, sé que hoy es tu cumpleaños. ¡Feliz cumple!

Gracias, pero, ¿quién eres? ¿Te conozco?

F 얘, 오늘 네 생일인 거 알아. 생일 축하해!
M 고마워, 근데 너 누구야? 내가 널 아니?

어휘

- □ me 나에게, 나를
- □ te 너에게, 너를
- □ el cumpleaños 생일
- □ en persona 개인적으로, 직접

회화 포인트

'생일 축하해!'는 ¡Feliz cumpleaños! 혹은 생일이라는 단어를 줄여, ¡Feliz cumple!라고 얘기해요. 생일 이외에도 '축하해!'라고 쓸 수 있는 표현은 ¡Felicidades!가 있어요.

오늘의 핵심 표현

1 conocer 동사

saber와 마찬가지로 '알다'라는 뜻을 가지고 있고 1인칭 단수(yo)에서는 불규칙으로 바뀌는 동사예요. '나는 알아.'라고 할 때는 conoco가 아니라 conozco라고 하죠.

	-er	saber 알다	conocer 알다
yo	-o	sé	conozco
tú	-es	sabes	conoces
él/ella/usted	-e	sabe	conoce
nosotros/as	-emos	sabemos	conocemos
vosotros/as	-éis	sabéis	conocéis
ellos/ellas/ustedes	-en	saben	conocen

¡OJO! 1인칭 단수 불규칙 형태를 기억하세요!

2 conocer 동사 활용

saber 동사와 다른 경우에 사용해요. 가장 많이 쓰는 두 가지 방법을 배워 봐요.

① conocer 장소 : ~을 가 봤다.

¿(Tú) conoces Argentina? 너 아르헨티나 가 봤어?

Sí, (yo) conozco Argentina. 응, 나 아르헨티나 가 봤어.

No, (yo) no conozco Argentina. 아니, 나 아르헨티나 안 가 봤어.

¡OJO! 장소 앞에 전치사 'a' 쓰지 않음에 주의하세요.

¿(Usted) conoce Bolivia? 당신 볼리비아 가 봤어요?

Sí, (yo) conozco Bolivia. 네, 저 볼리비아 가 봤어요.

Sí, (yo) vivo en Bolivia. 네, 저 볼리비아에 살아요.

❷ conocer a 사람 : ~을 알다.

¿(Tú) conoces a Semi? 너 세미 알아?

Sí, (yo) conozco a Semi. 응, 나 세미 알아.

No, (yo) no conozco a Semi en persona. 아니, 나 세미 개인적으로는 몰라.

¡OJO! 사람 목적어 앞에 전치사 'a' 잊지 마세요!

¿(Tú) me conoces? 너는 나를 알아?

Sí, (yo) te conozco. ¡Tú eres Semi! 응, 나는 너를 알아. 너 세미지!

오늘의 Plus+ 실전 회화

회화문1

¡Hablas coreano! ¿Conoces Corea?

너 한국어 하네! 한국 가 봤어?

No, no conozco Corea.

아니, 나는 한국 안 가 봤어.

회화문2

¿Conocéis a Diego?

너희 디에고 알아?

No. ¿Quién es Diego?

아니. 디에고가 누구야?

Es el profesor de español, ¿no?

그는 스페인어 선생님이야, 그치?

회화문 3

¿Sabes qué? Trabajo con Manuel. ¿Conoces a Manuel?

그거 알아? 나 마누엘이랑 일해. 너 마누엘 알아?

Sí, yo conozco a Manuel. No es bueno, ¿no?

응, 나 마누엘 알아. 착하지 않지?

¡Qué dices! Es muy bueno. Y es guapísimo...

무슨 소리야! 그는 매우 착해. 그리고 엄청 잘생겼어...

Jajaja. No sabes nada de él.

ㅋㅋㅋ 넌 그에 대해 아무것도 몰라.

이것만은 꼭!

- 나 너 알아!

  ¡(Yo) te conozco!

- 나는 세미를 개인적으로 몰라.

  (Yo) no conozco a Semi en persona.

- 나는 푸에르토리코 가 봤어.

  (Yo) conozco Puerto Rico.

오늘의 연습문제

1 다음 한국어 인칭대명사에 맞게 conocer 동사의 현재시제 변형을 적으세요.

❶ 그녀들 ▶ ____________________

❷ 당신 ▶ ____________________

❸ 우리 ▶ ____________________

2 다음 문장들 중 틀린 부분을 찾아 바르게 고치세요.

❶ Yo conozco a Colombia.

▶ ____________________

❷ ¿Conoces Juan?

▶ ____________________

❸ Sé a Juan en persona.

▶ ____________________

3 다음 질문의 대답으로 적절하지 않은 것을 고르세요.

질문	¿Me conoces?

❶ No soy María.

❷ Sí, eres María.

❸ No. ¿Quién eres?

❹ Sí, te conozco.

정답 p.264

제시된 우리말을 참고하여, 낱말 퍼즐 안에 숨어있는 10가지 단어를 찾아보세요.

R	S	U	E	R	T	E	O	N	E
M	T	F	P	J	Q	N	T	D	Z
C	U	M	P	L	E	A	Ñ	O	S
P	H	E	R	M	A	N	A	D	J
U	W	S	G	Y	LL	E	K	Q	R
E	V	T	A	M	B	I	É	N	K
S	H	N	C	U	I	D	A	D	O
R	P	A	E	LL	A	S	J	U	P
K	J	D	R	M	A	Ñ	A	N	A
P	W	A	O	É	P	A	L	G	O

❶ 여자형제	❻ 주의, 조심
❷ 파에야	❼ 운
❸ 음, 그러면	❽ 아무것도
❹ ~도	❾ 무언가
❺ 내일	❿ 생일

정답 p.268

Capítulo 21

Te veo mañana.

내일 봐.

오늘의 주제

- ✓ ver 동사
- ✓ hacer 동사

오늘의 미션

- ✓ 내일 봐!
- ✓ 너 내일 뭐해?
- ✓ 나는 운동 매일 해.

MP3 전체 듣기

오늘의 회화

¡Ves Youtube todos los días!

¿Qué haces aquí? ¡Es mi habitación!

F 너는 유튜브를 매일 보네!
M 너 여기서 뭐해? 내 방이야!

어휘

- □ todos los días 매일
- □ la cama 침대
- □ la habitación 방
- □ el ejercicio 운동

회화 포인트

형용사 todo로 명사를 꾸며줄 때는 보통 명사에 해당하는 정관사까지 넣어요. 그래서 매일은 todos días가 아닌 todos los días예요. 그럼 모든 한국인은 뭐라고 할까요? 역시 정관사를 넣어 todos los coreanos라고 해요.

오늘의 핵심 표현

1 ver / hacer 동사

두 동사 모두 1인칭 단수(yo)에서는 불규칙으로 바뀌는 동사예요.

	-er	ver 보다	hacer 하다, 만들다
yo	-o	veo	hago
tú	-es	ves	haces
él/ella/usted	-e	ve	hace
nosotros/as	-emos	vemos	hacemos
vosotros/as	-éis	veis	hacéis
ellos/ellas/ustedes	-en	ven	hacen

¡OJO! 1. 1인칭 단수 불규칙 형태를 기억하세요!
2. ver 동사는 2인칭 복수 형태에 tilde가 없어요.

2 ver / hacer 동사 활용

❶ ver 동사 활용

¿(Tú) ves Youtube? 너는 유튜브 봐?

Sí, (yo) veo Youtube. 응, 나는 유튜브 봐.

No, (yo) no veo Youtube. 아니, 나는 유튜브 안 봐.

¿(Tú) me ves bien? 너는 나를 잘 봐? (=너는 내가 잘 보여?)

Sí, (yo) te veo bien. 응, 나는 너가 잘 보여.

No, (yo) no te veo bien. 아니, 나는 너가 잘 안 보여.

❷ hacer 동사 활용

¿(Tú) haces ejercicio?	너는 운동 해?
Sí, (yo) hago ejercicio.	응, 나는 운동 해.
No, (yo) no hago ejercicio.	아니, 나는 운동 안 해.
¿(Tú) haces la cama?	너는 침대 정돈해?
Sí, (yo) hago la cama.	응, 나는 침대 정돈해.
No, (yo) no hago la cama.	아니, 나는 침대 정돈 안 해.
¿Qué haces (tú) en casa?	너는 집에서 뭐 해?
(Yo) estudio en casa.	나는 집에서 공부 해.

오늘의 Plus+ 실전 회화

¿Qué haces?

너 뭐해?

Estudio español.

나 스페인어 공부해.

¿Qué hacéis en casa?

너희는 집에서 뭐해?

Veo Youtube con mi hermano.

나는 내 남자형제랑 유튜브 봐.

Yo no hago nada.

나는 아무것도 안 해.

어휘

□ estar bueno 몸이 좋다/핫하다

Oye, ¿haces ejercicio?

얘, 너 운동 해?

No, no hago ejercicio. ¿Estoy bueno? Sí, lo sé.

아니, 나 운동 안 해. 나 몸 좋아? 맞아, 그거 알아.

No, amigo. ¡Estás gordo!

아니, 친구야. 너 뚱뚱해졌어!

¿Cómo? ¿Sabes qué? ¡Eres muy mala!

뭐라고? 그거 알아? 너 정말 나빠!

이것만은 꼭!

- 내일 봐!

  ¡(Yo) te veo mañana!

- 너 내일 뭐해?

  ¿Qué haces (tú) mañana?

- 나는 운동 매일 해.

  (Yo) hago ejercicio todos los días.

오늘의 연습문제

1 다음 한국어 인칭대명사에 맞게 ver 동사의 현재시제 변형을 적으세요.

❶ 우리 ▶ ______________________

❷ 너희 ▶ ______________________

❸ 그들 ▶ ______________________

2 각 질문에 어울리는 대답을 연결하세요.

❶ ¿Me ves bien? • • a. No, no veo.

❷ ¿Ves Youtube? • • b. No, no te veo.

3 다음 한국어 문장들을 스페인어로 바꾸세요.

❶ 너 오늘 뭐 해? ▶ ______________________

❷ 나 매일 운동 해. ▶ ______________________

정답 p.265

문화 Plus

스페인 시간?!

스페인 사람들은 느긋한 성향으로 유명해서 가끔 '지각쟁이'라는 오해를 사기도 해요. 스페인 사람들은 여유로운 시간 개념을 가지고 있어서 30분이나 1시간 늦는 걸 전혀 신경 쓰지 않아요. 그래서 '스페인 시간(La hora española)'이라는 표현도 있을 정도랍니다.

스페인 사람들은 하루를 천천히 시작하고, 점심 후에 siesta(낮잠)를 자는 게 일상이에요. 그래서 이른 아침 시간이나 낮잠 시간에 연락하는 건 예의에 어긋난다고 생각하죠. 그리고 식당에 예약을 하지 않고 갈 경우 오랜 시간을 기다려야 할 수도 있기 때문에, 스페인에서는 식당에 가기 전에 예약을 하는 것이 일반적이랍니다.

그럼, 스페인 사람들의 시간 개념과 관련된 표현들을 좀 더 알아볼까요?

desayuno	아침식사	오전 7시에서 9시 사이
almuerzo/comida	점심식사	오후 2시에서 3시 사이
siesta	낮잠	오후 2시에서 5시 사이
merienda	오후 간식	오후 5시에서 6시 사이
cena	저녁식사	오후 9시에서 10시 사이

Capítulo 22

Hace buen tiempo.

날씨 좋다.

오늘의 주제

- ✔ 날씨 이야기하기
- ✔ muy와 mucho

오늘의 미션

- ✔ 스페인에는 여름에 많이 더워요.
- ✔ 쿠바에는 춥지 않아요.
- ✔ 정말 춥다!

MP3 전체 듣기

오늘의 회화

Uy, ¡hoy hace mucho frío!

Hombre, ¡qué frío! ¿Qué hacemos hoy?
¿Vemos Youtube en la cama?

F 어머, 오늘 많이 춥네!
M 어머, 정말 춥다! 우리 오늘 뭐하지?
침대에서 유튜브 볼까?

어휘

□ el verano 여름
□ el tiempo 날씨
□ hoy 오늘
□ el hombre 남자

회화 포인트

스페인에서는 남자, hombre라는 단어를 놀랄 때 감탄사처럼 쓰기도 해요. '어머! 세상에!'같은 표현으로 보면 됩니다.

오늘의 핵심 표현

1 hacer 동사로 날씨 이야기하기

날씨를 말할 때는 hacer 동사를 가장 많이 사용해요. 날씨는 사람이 만드는 것이 아니니 동사변형은 항상 3인칭 단수로 해요.

¿Qué tiempo hace hoy? 오늘 날씨가 어때?

Hace buen tiempo hoy. 오늘 날씨가 좋아.

Hace mal tiempo hoy. 오늘 날씨가 나빠.

¡OJO! bueno, malo는 3인칭 남성 단수 앞에서 o가 탈락해요.

Hace calor. 더워.

Hace frío. 추워.

Hace sol. 해가 쨍쨍해.

Hace viento. 바람 불어.

No hace buen tiempo hoy. 오늘 날씨가 좋지 않아.

No hace mal tiempo hoy. 오늘 날씨가 나쁘지 않아.

No hace calor. 덥지 않아.

No hace frío. 춥지 않아.

No hace sol. 해가 쨍쨍하지 않아.

No hace viento. 바람 불지 않아.

¡OJO! 부정문은 동사 앞에 no를 붙여요!

¿Qué tiempo hace en Corea? 한국에는 날씨는 어때?

En Corea hace buen tiempo. 한국에는 날씨가 좋아.

No hace frío en Corea. 한국에는 춥지 않아.

2 muy와 mucho

muy는 '매우'라는 뜻으로 형용사를 꾸며줄 때 그 앞에 적어주고, mucho는 '많은'으로 명사를 꾸며줄 때 그 앞에 넣어줘요.

Hace muy buen tiempo hoy. 오늘 날씨가 매우 좋아.

Hace muy mal tiempo hoy. 오늘 날씨가 매우 나빠.

Hace mucho calor. 많이 더워.

Hace mucho frío. 많이 추워.

Hace mucho sol. 해가 많이 쨍쨍해.

Hace mucho viento. 바람 많이 불어.

오늘의 Plus 실전 회화

¿Qué tiempo hace hoy en Cuba?

오늘 쿠바 날씨 어때?

Hace muchísimo sol.

해가 엄청 쨍쨍해.

¿Dónde vivís vosotros?

너희는 어디 살아?

Yo vivo en Argentina.

나는 아르헨티나에 살아.

Uy, ahora hace mucho frío en Argentina, ¿no?

어머, 지금 아르헨티나 많이 춥지?

Buenas. ¡Qué calor!

안녕하세요. 엄청 덥네요!

Sí. Hace mucho calor, ¿no?

네. 엄청 덥네요, 그쵸?

Sí, muchísimo. Estamos en verano.

네, 엄청요. 여름이에요.

Pues, sí. Bueno, ¡hasta luego!

네. 그럼, 다음에 만나요!

이것만은 꼭!

- 스페인에는 여름에 많이 더워요.

  En España hace mucho calor en verano.

- 쿠바에는 춥지 않아요.

  En Cuba no hace frío.

- 정말 춥다!

  ¡Qué frío!

1 다음 명사들을 스페인어로 적으세요.

❶ 바람 ▶ ____________________

❷ 추위 ▶ ____________________

❸ 날씨 ▶ ____________________

2 다음 대화문의 빈칸에 들어갈 어휘를 보기에서 골라 넣으세요.

보기	sol hombre hace

A: ¿Qué tiempo ❶ ____________ en Málaga?

B: ❷ ____________, hoy hace mucho ❸ ____________.

3 다음 중 문법적으로 <u>틀린</u> 것을 고르세요.

❶ Hace muy calor.

❷ No hace buen tiempo.

❸ ¡Qué calor!

❹ Hace muy mal tiempo.

정답 p.265

 스페인어로 다양한 날씨와 계절 관련 어휘를 말해 보세요.

la primavera	봄	**el verano**	여름
el otoño	가을	**el invierno**	겨울
la nube	구름	**la nieve**	눈
la lluvia	비	**el rayo**	번개
la niebla	안개	**el trueno**	천둥
el cielo	하늘	**el sol**	해
la luna	달	**la estrella**	별
la estación	계절	**el tiempo**	날씨

Capítulo 23

¿Cuánto vale?

얼마예요?

오늘의 주제

- ✓ salir 동사
- ✓ valer 동사

오늘의 미션

- ✓ 난 집에서 많이 안 나가.
- ✓ 넌 가치 있는 사람이야!
- ✓ 고생할 가치가 있어.

MP3 전체 듣기

오늘의 회화

¿Salimos este fin de semana?

¡Estás loca! Hace muchísimo frío.
Te veo en mi casa, ¿vale?

F 이번 주말에 우리 놀러가?
M 너 미쳤니! 엄청 추워. 우리 집에서 보자고, 알았지?

어휘

- □ cuánto 얼마나
- □ loco 미친
- □ el fin de semana 주말
- □ este/esta 이

회화 포인트

스페인에서는 추위를 많이 타는 사람을 friolero/a라고 해요. 여러분은 어떤가요? ¿Eres friolero/a? (너는 추위 많이 타?)

오늘의 핵심 표현

1 salir 동사

1인칭 단수(yo)에서 -go라는 소리가 들어가는 불규칙 동사들이 여럿 있어요. 우리가 배운 동사들 중에는 hacer(하다, 만들다)가 있고 오늘 배우는 salir, valer 동사도 이에 해당돼요.

	salir 나가다
yo	salgo
tú	sales
él/ella/usted	sale
nosotros/as	salimos
vosotros/as	salís
ellos/ellas/ustedes	salen

(Yo) salgo con mis amigos. 나는 내 친구들이랑 놀아.

Lara sale con Diego. 라라는 디에고랑 만나.

(Yo) no salgo de casa. 나는 집에서 안 나가.

Mi novio sale todos los fines de semana. 내 남자친구는 매 주말 나가.

¡OJO! 1. salir는 누군가와 사귀다, 교제하다라는 뜻도 있어요.
2. 출발지를 말할 땐 전치사 'de'를 쓰는 것에 주의하세요!

¿(Tú) sales mucho? 너는 많이 나가?

Sí, (yo) salgo mucho. 응, 나는 많이 나가.

No, (yo) no salgo mucho. 아니, 나는 많이 안 나가.

2 valer 동사

	valer (가치가) 나가다
yo	valgo
tú	vales
él/ella/usted	vale
nosotros/as	valemos
vosotros/as	valéis
ellos/ellas/ustedes	valen

¿Cuánto vale? 얼마예요?

(Tú) vales mucho. 너는 가치가 많이 나가.

Vale la pena. 고생할 가치가 있어.

Vale. 알겠어.

¡OJO! la pena는 '수고, 일'이라는 명사로, 'Vale la pena.'는 '수고할 만한 가치가 있다, 할 만한 일이다.'라는 뜻이 돼요.

오늘의 Plus 실전 회화

Yo no salgo mucho.

난 많이 안 나가.(놀아.)

¡Qué dices! Tú sales todos los días.

무슨 소리야! 너 매일 나가잖아.

¿Cuánto vale esto?

이거 얼마예요?

5 euros.

5 유로.

Oy, está carísimo. Somos estudiantes...

앗, 엄청 비싸다. 우리 학생이에요...

¿Ya no sales con María?

너 이제 마리아 안 만나?

No. Ya no somos novios... Estoy deprimido...

아니야. 이제 우리 연인 아니야... 나 우울해...

Amigo... Tú vales mucho, ¿sabes?

친구야. 넌 가치 있는 사람이야, 알아?

¿Tú crees? Gracias.

그렇게 생각해? 고마워.

이것만은 꼭!

- 난 집에서 많이 안 나가.

  (Yo) no salgo mucho de casa.

- 넌 가치 있는 사람이야!

  (Tú) vales mucho.

- 고생할 가치가 있어.

  Vale la pena.

오늘의 연습문제

1 다음 동사들의 1인칭 단수(yo) 현재시제 변형을 적으세요.

① hacer ▶ ______________________

② salir ▶ ______________________

③ valer ▶ ______________________

2 다음 질문의 대답으로 적절하지 않은 것을 고르세요.

질문	¿Sales mucho de casa?

① Sí, pero no salgo los fines de semana.

② Sí, salgo mucho.

③ No, no salgo mucho de casa.

④ Sí, estoy en casa.

3 다음 한국어 문장들을 valer 동사를 활용해 스페인어로 바꾸세요.

① 알겠어. ▶ ______________________

② 고생할 가치가 있어. ▶ ______________________

③ 얼마예요? ▶ ______________________

정답 p.265

퀴즈 Plus

아래 가로 세로 낱말 퀴즈를 풀어 보세요!

세로 열쇠	가로 열쇠
❷ 얼마나	❶ 방
❹ 그것을, 그를	❸ 영어
❻ 나에게, 나를	❺ 날씨

정답 p.269

Capítulo 24

¡Vamos!

가자!

오늘의 주제

- ir 동사
- 교통수단 말하기

오늘의 미션

- 가요!
- 나 내일 출근해.
- 우리 걸어 가자.

MP3 전체 듣기

오늘의 회화

¿Vamos en metro? ¿Qué hacemos?

Pues, vamos caminando. Creo que está cerca.

F 우리 지하철로 가? 어떻게 할까?
M 음, 걸어가자. 가까운 것 같아.

어휘

- □ la universidad 대학교
- □ el metro 지하철
- □ el trabajo 일
- □ la playa 해변

회화 포인트

한국과 다른 교통수단이 있다면 시도해보는 걸 추천해요! 사람 사는 냄새를 물씬 느낄 수 있을 거예요. 물론 소매치기의 위험이 도사리고 있으니 개인 소지품은 항상 속 주머니 등 접근이 불가능한 곳에 넣고 다녀야 해요!

오늘의 핵심 표현

1 ir 동사

'가다' 동사는 모든 인칭에서 불규칙 동사예요. 동사 뒤 목적지를 적을 때는 전치사 a를 이용해요.

	ir 가다
yo	voy
tú	vas
él/ella/usted	va
nosotros/as	vamos
vosotros/as	vais
ellos/ellas/ustedes	van

¡OJO! 1인칭 복수 변형인 vamos는 '가자, 하자, 힘내!'라는 뜻도 가지고 있어요.

(Yo) voy a la universidad todos los días. 나는 대학교에 매일 가요.

(Yo) voy al trabajo. 나는 출근해요.

¿(Tú) vas en metro? 너는 지하철로 가?

(Nosotros) vamos a la playa este fin de semana. 우리는 이번 주말에 해변에 가요.

¡OJO! 매일 가는 장소를 언급할 때는 정관사와 함께 써 줘요.

2 교통수단 말하기

교통수단을 말할 때는 전치사 en을 사용하며 교통수단 앞에는 아무런 관사가 나오지 않아요. '걸어서'는 발이 교통수단이 아니므로 다른 표현을 사용해요.

en metro	지하철로
en autobús	버스로
en coche	자동차로
en tren	기차로
en avión	비행기로
caminando	걸어서

(Yo) voy al trabajo en autobús. 나는 버스로 출근해요.

¿(Tú) vas al hotel caminando? 너는 걸어서 호텔 가?

Semi va a España en avión. 세미는 비행기로 스페인에 가요.

¿(Vosotros) vais al restaurante en metro? 너희는 지하철로 식당에 가?

오늘의 Plus+ 실전 회화

¡Vamos a la playa!

우리 해변 가자!

No. Yo no voy. Hace frío.

아니. 난 안 가. 추워.

¿Vais al trabajo en metro?

너희는 지하철로 출근해?

No. Voy en coche.

아니, 차 타고 가.

Yo voy caminando. No está lejos de mi casa.

나는 걸어서 가. 우리 집에서 멀지 않아.

회화문 3

Hombre, tú eres Adrián, ¿no?

어머, 너 아드리안이지?

Sí. Pero... ¿te conozco?

응. 근데 나 너 알아?

Vas al bar Girona, ¿eh?

너 히로나 술집 가지, 그치?

Ah, sí. Eres la ex de Mateo. Ya no voy ahí.

아, 맞아. 너 마떼오의 전 여친이구나. 나 이제 거기 안 가.

이것만은 꼭!

★ 가요!

¡(Yo) voy!

★ 나 내일 출근해.

(Yo) voy al trabajo mañana.

★ 우리 걸어 가자.

(Nosotros) vamos caminando.

오늘의 연습문제

1 다음 어휘들을 스페인어로 적으세요.

❶ 버스 ▶ ____________________

❷ 기차 ▶ ____________________

❸ 비행기 ▶ ____________________

2 다음 문장들 중 틀린 부분을 찾아 바르게 고치세요.

❶ Vamos a caminando.

▶ ____________________

❷ Voy a trabajo mañana.

▶ ____________________

❸ Mi hermano va a tren.

▶ ____________________

3 다음 한국어 문장을 스페인어로 바르게 바꾼 것을 고르세요.

보기	(나) 가요!

❶ ¡Vamos! ❷ ¡Salgo! ❸ ¡Voy! ❹ ¡Ir!

정답 p.265

학문과 문화의 중심지, 살라만카

혹시 스페인 중부에 위치한 매력적인 소도시, 살라만카(Salamanca)를 아시나요? 살라만카는 로마 시대부터 시작된 오랜 역사를 자랑하며, 중세 시대에는 스페인의 학문과 문화의 중심지로 이름을 날렸답니다. 이 도시는 고대부터 지식과 학문의 메카로 불리며, 수많은 학자와 예술가들이 거쳐 갔죠.

특히, 이곳에 자리한 살라만카 대학(Universidad de Salamanca)은 유럽에서 가장 오래된 대학 중 하나로, 16세기까지 스페인 학문과 예술의 중심지 역할을 했어요. 1218년에 설립된 이 대학은 독특한 건축양식과 깊은 역사로 유명하며, 많은 이들이 방문하는 명소입니다. 대학 정문에는 플라테레스코(Plateresco) 양식의 화려한 조각이 장식되어 있는데, 그 아름다움은 보는 이를 감탄하게 만들죠.

살라만카에서 놓칠 수 없는 또 하나의 명소는 마요르 광장(Plaza Mayor)이에요. 르네상스 양식의 건축물이 장식된 이 광장은 밤이 되면 환상적인 야경을 자랑해요. 도시 곳곳에는 르네상스와 바로크 양식의 건물들이 자리잡고 있어, 마치 타임머신을 타고 옛날로 돌아간 듯한 기분을 느낄 수 있답니다.

그리고 살라만카에서는 전통적인 스페인 요리와 타파스(Tapas) 문화를 맛볼 수 있어요. 현지 식당에서 맛보는 다양한 스페인 음식과 와인은 잊을 수 없는 경험이 될 거예요.

살라만카 여행 

살라만카 대학 정문에는 흥미로운 미신이 하나 있어요. 플라테레스코 양식의 정교한 조각 속에 숨어 있는 이 개구리를 찾으면 행운과 학업 성공이 따른다고 하네요! 살라만카 대학을 방문할 때 이 개구리를 찾아보는 미션에 도전해 보면 어떨까요?

Capítulo 25

Voy a salir.

전 나갈 거예요.

오늘의 주제

- ir a 동사원형
- 미래 시간 부사(구)

오늘의 미션

- 우리 밥 먹자.
- 나 내년에 스페인으로 여행 갈 거야.
- 모든 것이 잘 될 거야.

MP3 전체 듣기

오늘의 회화

¿Estás deprimido, ¿no? ¿Sabes qué? Todo va a salir bien.

Pues, no sé. Vamos a ver.

F 너 우울하구나, 그렇지? 그거 알아? 다 잘 될 거야.
M 음, 글쎄. 어디 보자고.

어휘

□ todo 모든 것
□ el mes 달, 월
□ próximo 다음의
□ el año 해, 연

회화 포인트

스페인어권에는 긍정적인 마음가짐으로 사는 것을 추구하는 사람들이 많아요. 친구에게 고민 상담을 하면 무조건 듣는 말 중에 하나가 'Todo va a salir bien.'이랍니다. salir 대신 ir 동사를 써서 'Todo va a ir bien.'이라고도 해요. 여러분도 외워뒀다가 현지인에게 꼭 써 보세요.

오늘의 핵심 표현

1 ir a 동사원형 : ~할 것이다

ir 동사를 주어에 맞게 변형한 후 전치사 a, 동사원형을 쓰면 '~할 것이다'라는 미래표현이 돼요.

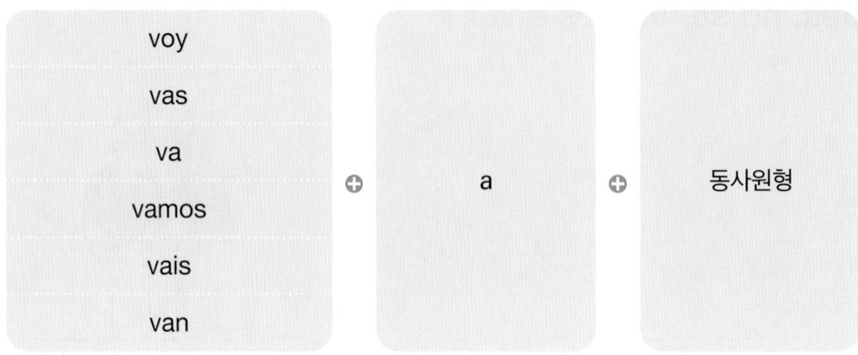

(Yo) voy a viajar.	나는 여행 갈 거야.
(Tú) vas a viajar.	너는 여행 갈 거야.
(Él) va a viajar.	그는 여행 갈 거야.
(Nosotros) vamos a viajar.	우리는 여행 갈 거야. / 우리 여행 가자.
(Vosotros) vais a viajar.	너희는 여행 갈 거야.
(Ellos) van a viajar.	그들은 여행 갈 거야.

¡OJO! 주어가 1인칭 복수(nosotros)일 때는 '~하자!'라고 제안하는 뜻도 있어요.

¿(Tú) vas a estudiar español hoy?	너 오늘 스페인어 공부할 거야?
Sí, (yo) voy a estudiar español hoy.	응, 나는 오늘 스페인어 공부할 거야.
No, (yo) no voy a estudiar español hoy.	아니, 나는 오늘 스페인어 공부하지 않을 거야.
¿Qué vas a hacer (tú) mañana?	너 내일 뭐 할 거야?
(Yo) voy a salir con mis amigos.	나는 내 친구들이랑 놀러 나갈 거야.
(Yo) voy a ir a la clase de yoga.	나는 요가 수업 갈 거야.
(Yo) voy a estar en casa.	나는 집에 있을 거야.

2 미래 시간 부사(구)

hoy	mañana	el fin de semana
오늘	내일	주말

¿Qué vas a hacer (tú) el fin de semana? 너는 주말에 뭐 할 거야?

la próxima semana	el próximo mes	el próximo año
다음주	다음 달	내년

¿Qué vas a hacer (tú) el próximo año? 너는 내년에 뭐 할 거야?

el lunes	el martes	el miércoles
월요일	화요일	수요일
el jueves	**el viernes**	**el sábado**
목요일	금요일	토요일
el domingo		
일요일		

¿Qué vas a hacer (tú) el viernes? 너는 금요일에 뭐 할 거야?

¡OJO! 1. 요일을 말할 때 전치사 'en'을 쓰지 않아요.
2. 복수형일 때 's'로 끝나는 명사는 형태를 유지하고, 정관사만 바꿔 줘요.
예) los lunes 월요일마다, 매주 월요일
los fines de semana 주말마다, 매 주말

오늘의 Plus+ 실전 회화

¿Vas a estudiar español hoy?

너 오늘 스페인어 공부할 거야?

Sí. ¡Estudio español todos los días!

응. 나 스페인어 매일 공부해!

Hola, guapos. ¿Salimos mañana?

안녕, 친구들. 우리 내일 놀러 나가?

Mañana no. Mañana voy a salir con mi novia.

내일 안돼. 내일 나 내 여자친구랑 놀러 나갈 거야.

Pues, hoy vamos a salir tú y yo, Jimena.

그럼, 오늘 너랑 나랑 놀러 나가자, 히메나.

¿Qué haces?

너 뭐해?

Bailar tango. El próximo año voy a ir a Argentina.

탱고 추기. 내년에 나 아르헨티나 갈 거야.

¿Vas a viajar a Argentina?

너 아르헨티나로 여행 갈 거야?

Sí, estoy muy emocionado.

응, 나 매우 설레.

이것만은 꼭!

- 우리 밥 먹자.

  ¡(Nosotros) vamos a comer!

- 나 내년에 스페인으로 여행 갈 거야.

  (Yo) voy a viajar a España el próximo año.

- 모든 것이 잘 될 거야.

  Todo va a salir bien.

오늘의 연습문제

1 다음 요일을 스페인어로 적으세요.

❶ 월요일 ▶ ______________________

❷ 금요일 ▶ ______________________

2 다음 스페인어 문장을 한국어로 해석하세요.

❶ Vamos a ir a Colombia la próxima semana.

▶ ______________________

❷ No voy a viajar el próximo mes.

▶ ______________________

❸ ¿Qué vas a hacer este fin de semana?

▶ ______________________

3 다음 한국어 표현을 스페인어로 적으세요.

❶ 다 잘 될 거야.

▶ ______________________

❷ 어디 보자고.

▶ ______________________

정답 p.265

제시된 우리말을 참고하여, 낱말 퍼즐 안에 숨어있는 10가지 단어를 찾아보세요.

Q	H	M	T	R	A	B	A	J	O
T	O	K	I	V	H	E	M	P	A
D	M	G	P	E	S	T	E	L	J
U	B	H	R	R	Y	H	T	A	X
Q	R	R	Ó	J	F	I	R	Y	P
G	E	L	X	A	R	A	O	A	V
X	R	H	I	G	A	Ñ	O	I	E
M	B	O	M	L	B	E	A	R	M
W	V	L	O	C	O	Y	P	P	E
E	J	E	R	C	I	C	I	O	S

❶ 운동	❻ 지하철
❷ 남자	❼ 해변
❸ 미친	❽ 다음의
❹ 이(남성)	❾ 달, 월
❺ 일	❿ 해, 연

정답 p.269

Capítulo 26

La cuenta, por favor.

계산서 주세요.

오늘의 주제

✔ 정관사

오늘의 미션

✔ 침대가 더러워.

✔ 세미의 형제는 솔로야.

✔ 한국인들은 많이 마셔.

MP3 전체 듣기

오늘의 회화

Oye, ¿sabes que la hermana de Dani está soltera?

**Hoy voy a salir con ella. Vamos al restaurante Exacto.
Hoy va a ser mi novia.**

F 야, 다니 여자형제 솔로인 거 알아?
M 나 오늘 걔랑 놀러 갈 거야. 우리 엑싹또 식당으로 가.
오늘 그녀는 내 여자친구가 될 거야.

어휘

- □ soltero 솔로인
- □ la mesa 책상
- □ la llave 열쇠
- □ la capital 수도

회화 포인트

소유주를 나타낼 때 사람 앞에 전치사 de를 사용해요. 따라서 De Dani는 '다니의', la hermana de Dani는 다니의 여자형제가 돼요. 다니의 남자친구라면 el novio de Dani라고 하면 되고요.

오늘의 핵심 표현

1 정관사의 형태

관사는 명사 앞에 사용하는 단어로 명사의 성수에 맞게 네 가지로 변형해 사용해요.

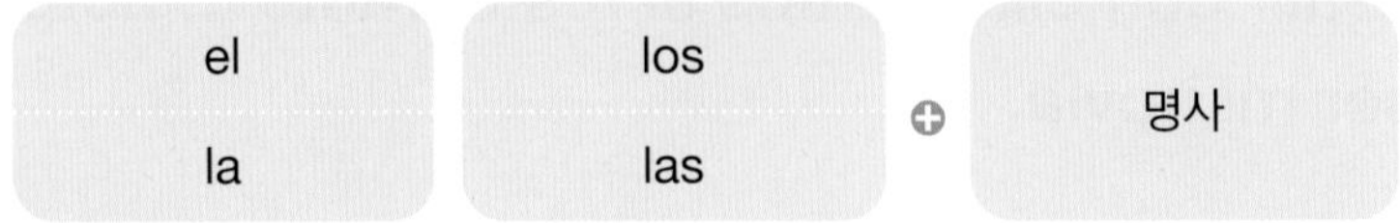

2 정관사의 사용

관사는 정관사와 부정관사가 있어요. 이번 과에서는 정관사의 사용법에 대해 알아봐요.

❶ 서로가 아는 대상

말하는 사람과 듣는 사람이 모두 아는 대상일 때 그 명사 앞에 정관사를 넣어줘요.

¿Dónde está la llave? 열쇠 어디에 있어?

(La llave) está en la mesa. (열쇠) 책상에 있어.

→ 상대방이 어떤 열쇠에 대한 이야기를 하는 건지 알 때만 할 수 있는 질문

La cama está sucia. 침대가 더러워.

→ 상대방이 어떤 침대에 대한 이야기를 하는 건지 알 때만 할 수 있는 말

(Yo) estoy en la habitación. 나는 방에 있어.

→ 상대방이 내가 어떤 방에 대한 이야기를 하는 건지 알 때만 할 수 있는 말

❷ 유일한 대상

하나 밖에 없는 사람, 사물 앞에도 정관사를 넣어줘요.

El padre de Semi es tacaño. 세미의 아버지는 인색하셔.

Quito es la capital de Ecuador. 키토는 에콰도르의 수도야.

❸ 일반화

한국인들, 남자들, 아이들 등 명사를 일반화해서 사용할 때도 정관사를 넣어줘요.

Los coreanos trabajan muchísimo. 한국인들은 엄청 많이 일해.

Las mujeres son así. 여자들은 원래 그래.

La cerveza es rica. 맥주는 맛있어.

¡OJO! '한국인들', '미국인들'처럼 집단을 이야기할 땐 보통 복수를 사용해요. 명사에 따른 성수일치 주의하세요!

오늘의 Plus 실전 회화

¿Quién es Eliana?

엘리아나가 누구야?

Es la hermana de Pablo.

빠블로의 여자형제야.

Los mexicanos son muy amables.

멕시코 사람들은 매우 친절해.

Sí, verdad. Los coreanos no son amables.

응, 맞아. 한국인들은 친절하지 않아.

Creo que los coreanos también son buenos.
Y son guapos.

내 생각에는 한국인들도 착한 것 같아. 그리고 잘생기고 예뻐.

¿Dónde está la pizza?

피자 어디 있어?

¿Qué pizza? ¿Hoy comemos pizza?

무슨 피자? 오늘 우리 피자 먹어?

Ah, aquí está.

아, 여기 있다.

Oye, ¿comes sola? ¿Y yo? Ay, ¡las mujeres!

얘, 너 혼자 먹어? 나는? 아이, 여자들이란!

이것만은 꼭!

★ 침대가 더러워.

La cama está sucia.

★ 세미의 형제는 솔로야.

El hermano de Semi está soltero.

★ 한국인들은 많이 마셔.

Los coreanos beben mucho.

오늘의 연습문제

1 다음 단어들의 성수에 맞게 정관사를 적으세요.

❶ ______________________ cilantro

❷ ______________________ llaves

❸ ______________________ fines de semana

2 다음 대화문의 빈칸에 들어갈 정관사를 적으세요.

A: Perdona, ❶ ________________ cuenta, por favor.

B: Oye, ❷ ________________ camarero es muy guapo.

A: Tú sabes. ❸ ________________ Italianos son guapos.

3 다음 한국어 문장을 스페인어로 바르게 바꾼 것을 고르세요.

보기	화장실이 더러워요.

❶ Un baño está sucio.

❷ El baño está sucio.

❸ El baño está limpio.

❹ Los baños están sucios.

정답 p.265

축제의 나라, 스페인

스페인의 다양한 지역에서는 매년 수많은 축제가 열리는데요, 축제마다 고유한 테마와 분위기를 가지고 있어, 스페인 사람들은 물론이고 전 세계에서 온 관광객들도 함께 즐길 수 있죠.

그럼 대표적인 스페인 축제 몇 가지를 알아볼까요?

San Fermín
산 페르민

- 개최지 : 팜플로나(Pamplona) 시
- 시기 : 7월 6일부터 14일
- 특징 : 소와 함께 질주하는 소몰이 축제

La Tomatina
라 또마띠나

- 개최지 : 부뇰(Buñol) 시
- 시기 : 8월 마지막 수요일
- 특징 : 세계 최대의 토마토 싸움 축제

Las Fallas
라스 파야스

- 개최지 : 발렌시아(Valencia) 시
- 시기 : 3월 15일부터 19일까지
- 특징 : 거대한 종이 인형과 조각품, 불꽃축제

Semana Santa
세마나 산타

- 개최지: 스페인 전역
- 시기 : 부활절 주간
- 특징 : 화려한 퍼레이드와 전통 의상

Capítulo 27

Soy una persona vaga.

저는 게으른 사람이에요.

오늘의 주제

- ✔ 부정관사

오늘의 미션

- ✔ 난 게으른 사람이야.
- ✔ 난 어떤 대학교에서 일해.
- ✔ 맥주 한 잔 더 주세요.

MP3 전체 듣기

오늘의 회화

No veo a Martín. ¿Dónde está él?

¿Tu novio, Martín? Es un chico malo. No va a llegar. Una caña, por favor.

F 마르틴이 안 보이네. 그는 어디 있어?

M 네 남친 마르틴? 걔 나쁜 애야. 안 도착할 거야. 생맥 하나 주세요!

어휘

□ vago 게으른
□ llegar 도착하다
□ inteligente 똑똑한
□ más 더

회화 포인트

친한 친구들끼리는 가족, 연인의 이름을 모두 알고 있는 경우가 많아요. 그래서 대화할 때 남자친구, 형제 등의 단어보다는 그 사람의 이름을 언급해요. 예를 들어, '너 남자친구 어디 있어?'보다는 '마르틴 어디 있어?'라고 묻는답니다.

오늘의 핵심 표현

1 부정관사의 형태

부정관사 역시 명사 앞에 사용하는 단어로 명사의 성수에 맞게 네 가지로 변형해 사용해요.

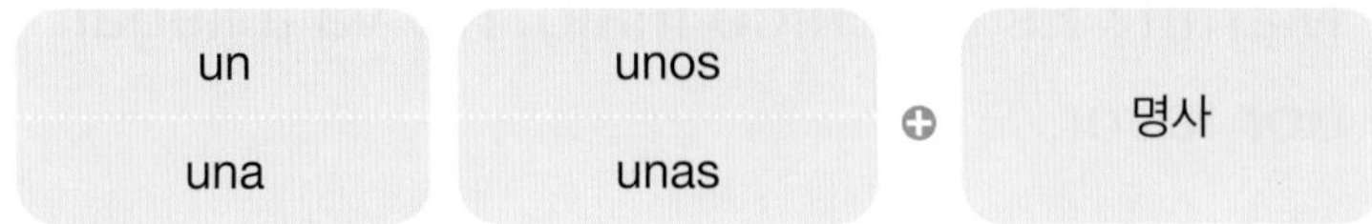

un	unos	+	명사
una	unas		

2 부정관사의 사용

부정관사는 정관사와 다른 경우에 사용해요. 같은 문장이라도 어떤 관사가 들어가는가에 따라 해석이 달라지니 사용법을 잘 알고 있어야 해요.

❶ 상대가 모르는 대상

처음 언급하거나 상대방이 모르는 대상이면 그 앞에 부정관사를 넣어줘요.

(Nosotros) estamos en una disco. 우리는 어떤 클럽에 있어.

Mi novio trabaja en unas cafeterías. 내 남자친구는 어떤 카페들에서 일해.

¡OJO! la discoteca = la disco = el club : 클럽

❷ 꾸며 주는 형용사가 있을 때

단수 명사를 단수 형용사가 꾸며줄 때 그 앞에 부정관사를 넣어줘요.

Lucas es una persona inteligente. 루카스는 똑똑한 사람이야.

Hiltun es un hotel caro. 일뜬은 비싼 호텔이야.

❸ '하나'를 뜻할 때

'하나'라는 의미를 명사 앞에 넣고 싶을 때 부정관사를 사용해요.

Un tinto de verano, por favor.	띤또 데 베라노 하나 주세요.
Voy a beber una cerveza más.	나는 맥주 한 잔 더 마실 거야.
Conozco a un hermano de Sergio.	나는 세르히오 남자형제 한 명 알아.

반대로 '하나'라는 의미를 넣고 싶은 게 아니라면 부정관사는 넣지 않아요.

Voy a tomar un café.	나는 커피 한 잔 마실 거야.
Voy a tomar café.	나는 커피 마실 거야.

오늘의 Plus+ 실전 회화

¿Tu hermano no va a salir hoy?

너의 남자형제는 오늘 안 나갈 거야?

No. Es un chico vago.

아니. 그는 게으른 애야.

Ostras. Aquí está muy lleno.

헐. 여기 너무 꽉 차 있다.

Uy. Es que es un restaurante famoso.

어머. 그게 여기 유명한 식당이거든.

Pues, ¿qué hacemos?

음, 그럼 우리 어떡하지?

어휘

□ famoso 유명한
□ increíble 훌륭한, 믿을 수 없는

¿Qué es esto? ¿Es para mí?

이게 뭐야? 날 위한 거야?

Sí, es para ti. ¡Felicidades!

응, 너를 위한 거야. 축하해!

Muchas gracias. Eres un amigo increíble.

정말 고마워. 너는 훌륭한 친구야.

Jejeje. Tomas cerveza, ¿no? Una caña, por favor.

ㅎㅎㅎ 너 맥주 마시지? 맥주 한 잔 주세요.

이것만은 꼭!

- 난 게으른 사람이야.

  (Yo) soy una persona vaga.

- 난 어떤 대학교에서 일해.

  (Yo) trabajo en una universidad.

- 맥주 한 잔 더 주세요.

  Una caña más, por favor.

오늘의 연습문제

1 다음 단어들의 성수에 맞게 부정관사를 적으세요.

❶ ________________ discoteca

❷ ________________ hombres

❸ ________________ ideas

2 한국어 뜻을 참고해 빈칸에 들어갈 관사를 고르세요.

❶ Álex es ________ novio de Nina. 알렉스는 니나의 남자친구야.

a. el b. un

❷ Él es ________ chico inteligente. 그는 똑똑한 애야.

a. el b. un

❸ Es estudiante. Ahora está en ________ universidad. 학생이야. 지금 대학교에 있어.

a. la b. una

3 다음 한국어 문장들을 스페인어로 바꾸세요.

❶ 나는 커피 하나 마실 거야.

▶ ____

❷ 나는 커피 안 마실 거야.

▶ ____

정답 p.265

스페인어로 가족과 관련된 어휘를 말해 보세요.

el abuelo	할아버지	**la abuela**	할머니
el papá	아빠	**la mamá**	엄마
el padre	아버지	**el madre**	어머니
el hijo	아들	**la hija**	딸
el tío	삼촌	**la tía**	숙모, 이모, 고모
el hermano mayor	오빠, 형	**la hermana mayor**	언니, 누나
el hermano menor	남동생	**la hermana menor**	여동생
el sobrino	조카 (남)	**la sobrina**	조카 (여)
el primo	사촌 (남)	**la prima**	사촌 (여)
el nieto	손자	**la nieta**	손녀

Capítulo 28

¿Qué haces?

뭐 해?

오늘의 주제

- ✓ 의문사

오늘의 미션

- ✓ 예?
- ✓ 왜 아니야? 좋아!
- ✓ 버스 언제 도착해요?

MP3 전체 듣기

오늘의 회화

¿Por qué estudias español? Y, ¿dónde estudias español?

Estudio español porque voy a ir a España el próximo año. Y tomo clases en 시원스쿨.

F 너는 왜 스페인어를 공부해? 그리고 어디서 스페인어를 공부해?

M 내년에 스페인에 갈 거라 스페인어를 공부해. 그리고 시원스쿨에서 수업을 들어.

어휘

- □ la clase 수업
- □ la maleta 캐리어
- □ porque 왜냐하면
- □ ese/esa 그, 저

회화 포인트

'왜?'라는 의문사는 por qué로 tilde가 들어가며 띄어쓰기가 필요해요. 하지만 '왜냐하면'이라는 어휘는 tilde 없이 붙여 사용하니 주의하세요.

오늘의 핵심 표현

1 의문사

모든 의문사에는 tilde가 들어가요. 의문사가 들어가는 의문문은 의문사를 가장 먼저 써 줘요.

무엇	Qué
어떻게	Cómo
언제	Cuándo
어디	Dónde
왜	Por qué

¿Qué crees? 너 어떻게 생각해?

¿Cómo estás? 어때? (=잘 지내?)

¿Cuándo llegas? 너 언제 도착해?

¿Dónde vives? 너 어디 살아?

¿Por qué estudias español? 너 왜 스페인어를 배워?

2 성, 수가 있는 의문사

아래 세 가지 의문사는 가리키는 대상, 주어가 복수일 때 복수로 바뀌어요. 또한 cuánto는 여성형이 바뀌어 총 네 가지 변형이 있어요.

<table>
<tr><td>어떤 것</td><td>Cuál
Cuáles</td><td rowspan="2">얼마나</td><td rowspan="2">Cuánto
Cuánta
Cuántos
Cuántas</td></tr>
<tr><td>누구</td><td>Quién
Quiénes</td></tr>
</table>

¿Cuál es tu maleta? 너의 캐리어는 어떤 거야?

¿Cuáles son mis llaves? 내 열쇠들은 어떤 거야?

¿Quién eres?	너는 누구야?
¿Quiénes son esas chicas?	저 여자애들은 누구야?
¿Cuánto vale?	얼마예요?
¿Cuánta agua tomas al día?	하루에 물을 얼마나 마셔?
¿Cuántos son todos?	모두 몇 명이니?
¿Cuántas personas sois?	너희들은 몇 명이야?

¡OJO! 대상에 따른 의문사 성수일치 주의하세요!

오늘의 Plus 실전 회화

¿Cuándo llegas a mi casa?

너 내 집에 언제 도착해?

Perdón. Hoy no voy a salir.

미안해. 나 오늘 안 나갈 거야.

회화문2

¡Hola! ¿Cuántos sois?

안녕! 너희 몇 명이야?

Somos tres.

우리 세 명이야.

No. Carlos no está. Somos dos.

아니야. 까를로스가 없어. 우리 둘이야.

회화문3

No voy a Estados Unidos.

나 미국 안 가.

¿Cómo? No te creo. ¿Por qué no?

뭐라고? 난 널 못 믿어.(설마) 왜 안 가?

Voy a estar aquí contigo, amor.

나는 여기 너랑 있을 거야, 자기야.

¿Qué? Sofía... Pero somos amigos...

뭐? 소피아... 근데 우리는 친구야...

이것만은 꼭!

- 예?

  ¿Cómo?

- 왜 아니야? 좋아!

  ¿Por qué no?

- 버스 언제 도착해요?

  ¿Cuándo llega el autobús?

오늘의 연습문제

1 다음 의문사를 스페인어로 적으세요.

❶ 무엇 ▶ ______________________

❷ 언제 ▶ ______________________

2 다음 한국어 문장들을 스페인어로 바꾸세요.

❶ 네 캐리어들은 어떤 것들이야?

▶ ____

❷ 저 여자들은 누구야?

▶ ____

3 한국어 뜻을 참고하여 다음 메시지 빈칸에 들어갈 의문사를 적으세요.

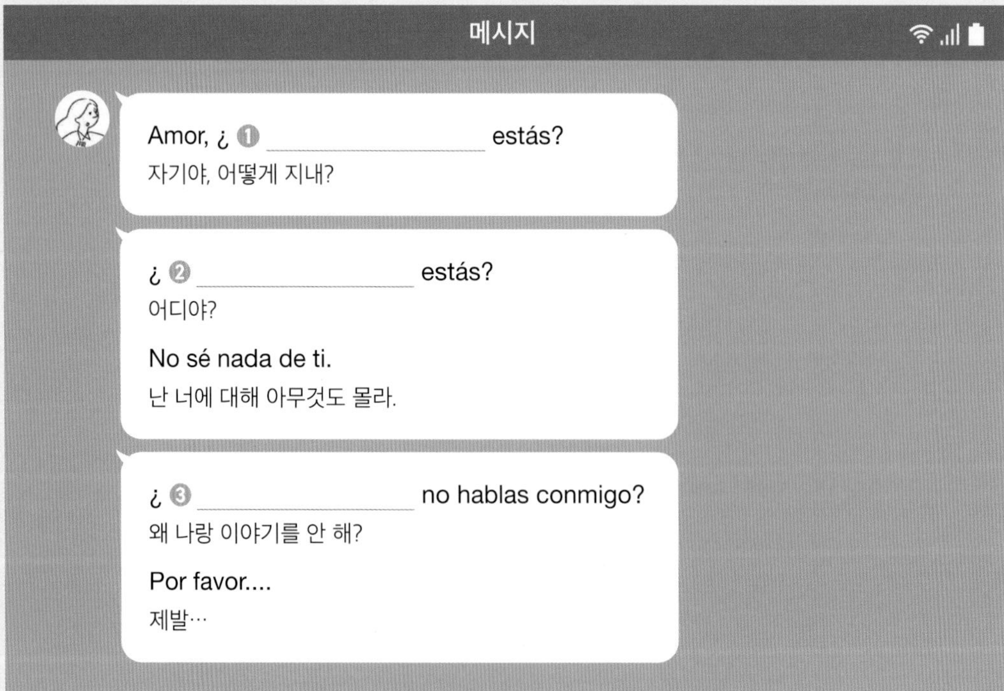

정답 p.266

퀴즈 Plus

아래 가로 세로 낱말 퀴즈를 풀어 보세요!

세로 열쇠	가로 열쇠
❶ 대학교	❷ 수도
❻ 수업	❸ 똑똑한
	❹ 그, 저
	❺ 유명한

정답 p.269

Capítulo

29

¿Para comer aquí o para llevar?

드시고 가세요, 포장하세요?

오늘의 주제

✓ 전치사

오늘의 미션

✓ 테이크아웃이요!

✓ 소금 빼고 주세요.

✓ 도와줘서 고마워.

MP3 전체 듣기

오늘의 회화

¿Para comer aquí o para llevar?

Para comer aquí, por favor. Somos cuatro personas.
Ah, y sin cilantro, por favor.

F 드시고 가세요, 포장하세요?
M 여기서 먹고 갈 거예요. 저희 네 명이에요.
아, 그리고 고수 빼고 주세요.

어휘

- □ el bar 술집
- □ la ayuda 도움
- □ el taxi 택시
- □ la sal 소금

회화 포인트

우리 나라는 음식을 포장할 경우 할인해 주는 곳들이 종종 있죠. 스페인어권에서는 이 경우 반대로 포장 값을 더 받기도 한다는 걸 알아두세요!

오늘의 핵심 표현

1 전치사

전치사는 거의 모든 문장에 쓰일 만큼 중요한 단어예요. 헷갈리지 않도록 아래 쓰임새를 반드시 숙지하세요.

a	~로(목적지) ~(사람)을,를,에게
de	~에서 부터(출발지) ~의(소유, 내용)
en	~에서(위치) ~로(교통수단)

Voy al trabajo. 나 출근해.

¿Conoces a Mateo? 너 마테오 알아?

Mi padre es de Italia. 우리 아빠는 이탈리아 출신이야.

Tomo clases de español. 나는 스페인어 수업을 들어.

Estamos en un bar. 우리 어떤 바에 있어.

¡Vamos en taxi! 택시 타고 가자!

con	~와 함께
sin	~없이

¿Vives con tu familia? 너는 가족이랑 함께 살아?

Rita sale con Marco. 리타는 마르꼬랑 사귀어.

Sin cilantro, por favor. 고수 빼고 주세요.

Estoy mejor sin ti. 나 너 없이 더 괜찮아.

¡OJO! 1. '너와 함께', '나와 함께'는 각각 contigo, conmigo
2. 전치사 다음에는 항상 tú / yo 대신 ti / mí를 사용해요.

para	~위해(목적) ~에게(의견)
por	~때문에(원인)
entre	~사이에 (위치, 관계)

Aprendo español para viajar. 여행하기 위해 스페인어 배워.

Es fácil para mí. 나에게 쉬워.

Estoy loco por ti. 너 때문에 미쳐 있어. (난 네게 미쳤어.)

Gracias por tu ayuda. 도와줘서 고마워.

Corea está entre China y Japón. 한국은 중국과 일본 사이에 있어.

오늘의 Plus⁺ 실전 회화

Es muy grande. ¿Compartimos?

엄청 크다. 쉐어할까?

Contigo no. Tú comes muchísimo.

너랑은 안 해. 너 엄청 먹잖아.

¡Alejandro! ¿Vas a casa? Yo también voy a ir.

알레한드로! 너 집에 가? 나도 갈 거야.

¿Ella sale con Alejandro?

걔 알레한드로 만나?

Sí. Está loca por él.

응. 걔한테 미쳤어.

Vamos a comer tacos. Pero sin cilantro.

우리 타코 먹자. 근데 고수 빼고.

No.... Sin cilantro, no es taco. ¡¿Para qué comes tacos?!

아니야... 고수 없이 타코가 아니야. 넌 뭐 하러 타코를 먹어?

Bueno, sin cilantro es más rico.

음, 고수 없이 더 맛있어.

Vale. Tres tacos sin cilantro para llevar, por favor.

알았어. 타코 세 개 고수 빼고 포장이요.

이것만은 꼭!

- 테이크아웃이요!

  Para llevar, por favor.

- 소금 빼고 주세요.

  Sin sal, por favor.

- 도와줘서 고마워.

  Gracias por tu ayuda.

오늘의 연습문제

1 다음 문장들 중 문법적으로 틀린 것을 고르세요.

❶ Es para ti.

❷ Voy al trabajo en taxi.

❸ Tomo español clase.

❹ Estoy mejor sin ti.

2 다음 대화문의 빈칸에 들어갈 전치사를 고르세요.

A: ¿Dónde está Corea? ¿Está cerca ❶ ______________ (de/a) China?

B: Sí, está ❷ ______________ (por/entre) China y Japón.

A: ¿Conoces ❸ ______________ (a/de) Alba?

B: Sí, es la novia ❹ ______________ (a/de) mi hermano.

3 다음 한국어 문장들을 스페인어로 바꾸세요.

❶ 너의 도움이 고마워.

▶ ______________________________

❷ 나에게는 어려워.

▶ ______________________________

정답 p.266

나를 찾아가는 여정, 산티아고 순례길

총 길이 약 800km에 이르는 산티아고 순례길은 스페인 북서쪽에 위치한 산티아고 데 콤포스텔라(Santiago de Compostela)로 향하는 중세 시대부터 이어져 온 역사적인 길이에요.

이 길의 유래는 기독교 성경에 나오는 예수의 열두 제자 중 한 명인 야고보가 이 지역에서 전도 활동을 했다는 전설에서 비롯되었답니다.

산티아고 순례길은 주로 프랑스길, 북쪽길, 포르투갈길의 세 가지 루트로 나뉘어요.

- 프랑스길 (Camino Francés): 가장 인기 있는 루트로, 피레네 산맥을 넘어 시작하는 길이에요.
- 북쪽길 (Camino del Norte): 스페인의 북쪽 해안을 따라가는 길로, 더 조용하고 아름다운 경치를 즐길 수 있어요.
- 포르투갈길 (Camino Portugués): 포르투갈에서 시작하여 스페인으로 향하는 길로, 두 나라의 문화를 동시에 느낄 수 있어요.

1993년에 세계 문화 유산으로 지정된 후, 많은 사람들이 이 순례길에 참여하고 있어요. 매일 걷고, 생각하고, 느끼며 진정한 나를 찾아가는 시간이 바로 순례길의 진짜 선물이 아닐까요?

이 여정에서 얻는 경험과 깨달음은 인생에서 가장 소중한 기억이 될 거예요!

산티아고 여행 TIP

산티아고 순례길을 완주하는 데에는 보통 4~6주가 걸려요. 노란 화살표와 조개 모양 표시를 따라가면 하루 평균 20~25km를 걷게 되지만, 자신의 체력에 맞춰 중간중간 휴식일을 추가해주는 것이 좋아요. 순례자들을 위한 저렴한 숙소인 알베르게(albergue)는 일찍 도착해 자리를 확보하는 것이 좋은데, 성수기에는 예약이 필요할 수도 있으니 사전에 체크해 보세요!

Capítulo 30

¿A dónde vas?

너 어디가?

오늘의 주제

✔ 의문사 + 전치사

오늘의 미션

✔ 우리 어디로 가는 거예요?

✔ 너는 어디 출신이야?

✔ 왜 닫았어요?

MP3 전체 듣기

오늘의 회화

¿Con quién vas a compartir la comida? ¡Es mucho!

Con Carmen. Es que estoy lleno. Oye, ¿de quién es este vino?

F 너는 누구랑 음식을 쉐어할 거야? 엄청 많아!
M 까르멘이랑. 그게 내가 배가 불러서.
얘, 이 와인은 누구 꺼야?

어휘

- □ compartir 공유하다
- □ la comida 음식
- □ lleno 가득 찬, 배부른
- □ reservar 예약하다

회화 포인트

스페인어권 나라들 역시 인기가 많은 곳들은 미리 예약을 하고 가야 해요. 전화가 두렵다면 구글이나 인스타 혹은 Whats App 등을 통해 식당에 연락해 보세요!

오늘의 핵심 표현

1 전치사 + dónde

❶ A dónde 어디로 (목적지)

¿A dónde vas? 너는 어디로 가?

Voy al trabajo. 나는 출근해.

❷ De dónde 어디에서 (출신지)

¿De dónde eres? 너는 어디 출신이야?

Soy de Alemania. 나는 독일 출신이야.

2 전치사 + quién

❶ De quién 누구의

¿De quién es esta maleta? 이 캐리어는 누구의 것이야?

Es de Carla. 까를라 거야.

❷ Con quién 누구와 함께

¿Con quién vas a bailar? 너는 누구와 함께 춤 출 거야?

Voy a bailar con tu novio. 나는 너의 남자친구와 춤 출 거야.

3 전치사 + qué

❶ Para qué 무엇을 위해

¿Para qué reservamos? 우리는 뭐 하러 예약해?

Reservamos para comer. 우리는 먹기 위해 예약해.

❷ Por qué 무엇 때문에

¿Por qué estás triste? 너는 왜 슬퍼?

Estoy triste porque no estás conmigo. 나는 슬퍼 왜냐하면 너가 나랑 함께 있지 않아서.

¡OJO! 답변을 할 때도 전치사를 써 줘요.

오늘의 Plus 실전 회화

¿Por qué sales con ella?

너는 왜 걔를 만나?

Pues, porque ella es muy inteligente.

음, 왜냐하면 그녀는 매우 똑똑하거든.

¿A dónde vamos este fin de semana?

우리 이번 주에 어디 가?

Mmm. ¿A Sitges?

음. 싯체스로?

¡Buena idea! Hace buen tiempo. Vamos a Sitges.

좋은 생각이야! 날씨가 좋아. 싯체스 가자.

회화문 3

Oye, ¿con quién estás? ¿Dónde estás?

얘, 너 누구랑 있어? 어디야?

Estoy con Hugo. Estamos en un coche.

나 우고랑 있어. 우리는 어떤 차에 있어.

¿De quién es el coche?

그 차는 누구 거야?

Es de Hugo. ¿Estás enfadada?

우고 거야. 너 화났어?

이것만은 꼭!

★ 우리 어디로 가는 거예요?

¿A dónde vamos (nosotros)?

★ 너는 어디 출신이야?

¿De dónde eres (tú)?

★ 왜 닫았어요?

¿Por qué está cerrado?

오늘의 연습문제

1 다음 전치사 의문사 조합의 한국어 뜻을 적으세요.

❶ a dónde ▶ ________________

❷ de quién ▶ ________________

❸ para qué ▶ ________________

2 한국어 뜻을 참고해 빈칸에 들어갈 어휘를 적으세요.

❶ ¿________________ es este chocolate?

이 초콜릿은 어디 거야?

❷ Creo que es ________________ Estados Unidos.

내 생각에는 미국 거 같아.

3 다음 한국어 문장들을 스페인어로 바꾸세요.

❶ 너는 왜 스페인어를 공부해?

▶ ________________________________

❷ 나는 여행가기 위해 공부해.

▶ ________________________________

정답 p.266

제시된 우리말을 참고하여, 낱말 퍼즐 안에 숨어있는 10가지 단어를 찾아보세요.

M	E	S	A	H	J	B	Y	V	G
U	M	G	B	C	V	X	I	A	A
A	I	LL	E	G	A	R	M	G	K
U	G	Y	F	F	E	Q	A	O	O
G	P	O	R	Q	U	E	L	E	V
C	O	M	I	D	A	P	E	U	O
F	C	O	M	P	A	R	T	I	R
A	M	B	M	M	S	D	A	J	B
A	T	X	L	LL	A	V	E	S	I
S	A	L	A	Y	U	D	A	V	A

❶ 열쇠	❻ 캐리어
❷ 책상	❼ 도움
❸ 게으른	❽ 소금
❹ 도착하다	❾ 공유하다
❺ 왜냐하면	❿ 음식

정답 p.269

연습문제 정답

Capítulo 01 p. 028

1. ❶ b
   ❷ a
   ❸ c
2. ❶ soy
   ❷ eres
   ❸ es
3. Ella es estudiante.

Capítulo 02 p. 036

1. ❶ sois
   ❷ son
2. ❶ camarera
   ❷ actriz
3. ❶ (Nosotros) no somos actors.
   ❷ (Nosotros/as) somos dos.
   ❸ Ellas son carteristas.

Capítulo 03 p. 044

1. ❶ el
   ❷ la
   ❸ la
2. ❶ españoles
   ❷ actrices
3. ❶ guapas
   ❷ guapos

Capítulo 04 p. 052

1. ❶ español
   ❷ mexicano
2. ❶ Yo soy de Corea.
   (혹은) Yo soy coreano/a.
   ❷ ¿De dónde eres (tú)?
3. ❶ 응, 나는 한국인이야.
   ❷ 아니, 나는 한국 출신이 아니야.
   ❸ 아니, 나는 스페인 사람이야.

Capítulo 05 p. 060

1. ❶ 못생긴
   ❷ 날씬한
   ❸ 착한, 나이스한
2. ❶ tacaño
   ❷ amable
   ❸ bueno
3. ③

Capítulo 06 p. 068

1. ❶ estoy
   ❷ estás
   ❸ está
2. ②
3. ❶ (Yo) estoy muy emocionado/a.
   ❷ Ella no está enfadada.
   ❸ ¡Feliz Navidad!

Capítulo 07 p. 076

1. ❶ b
   ❷ c
   ❸ a
2. ❶ Estamos muy llenos.
   ❷ ¿No estáis cansados?

3. ❶ ¿Ustedes están bien?
   ❷ Ella está bien.

Capítulo 08 p. 084

1. ❶ El café está frío.
   ❷ El vino está muy caliente.
   ❸ Las cafeterías están abiertas.
   ❹ Las camas no están limpias.
2. ❶ cerrado (닫혀 있는)
   ❷ sucio (더러운)
3. Una cerveza, por favor.

Capítulo 09 p. 092

1. ❶ ~의 옆에
   ❷ ~의 멀리에
   ❸ 여기에
2. ❶ Dónde
   ❷ del
   ❸ abierto
3. Corea está lejos de España.

Capítulo 10 p. 100

1. ❶ es
   ❷ está
   ❸ es
2. ❶ ¿Estás muy cansado/a?
   ❷ Eres muy malo/a.
3. ❶ 커피는 좋다. (커피라는 것은 좋은 것이다.)
   ❷ 커피가 맛있다.

Capítulo 11 p. 108

1. ❶ 그는 선생님이지?
   ❷ 너는 배부르지?
   ❸ 너는 한국에 있지?
2. ❶ rico
   ❷ gratis
3. ❶ Sí, soy coreano.
   ❷ No, no soy coreano.

Capítulo 12 p. 116

1. ❶ hablas
   ❷ habláis
   ❸ hablan
2. ②
3. ❶ ¿Ustedes viajan mucho?
   ❷ Lisa viaja a España.

Capítulo 13 p. 124

1. ❶ trabajo
   ❷ trabaja
   ❸ trabajan
2. ❶ c
   ❷ a
   ❸ b
3. ❶ bailas
   ❷ bailo

Capítulo 14 p. 132

1. ❶ come
   ❷ comemos
   ❸ coméis

2. ❶ (Yo) bebo cerveza en casa.
❷ (Yo) no como cilantro.

3. ❶ Comes muchísimo.
❷ Yo no bebo cerveza fría.
❸ Una caña, por favor.

Capítulo 15 p. 140

1. ❶ aprendes
❷ aprendemos
❸ aprendéis

2. ④

3. ❶ (Yo) aprendo español.
❷ ¿Qué crees (tú)?
❸ ¿De verdad?

Capítulo 16 p. 148

1. ❶ (tú) vivis → vives
❷ (nosotros) vivemos → vivimos
❸ (ellos) vivin → viven

2. ①

3. ❶ Ella vive sola.
❷ ¿Compartimos una paella?
❸ ¿Vives con tu familia?

Capítulo 17 p. 156

1. ③

2. ❶ vives
❷ trabajo
❸ comen
❹ beben

3. ❶ Buena idea.
❷ Yo también.

Capítulo 18 p. 164

1. ❶ 재미있는
❷ 좋은
❸ 나쁜

2. ④

3. ❶ Vivir solo es peligroso.
(=Es peligroso vivir solo.)
❷ Hablar español es difícil.
(=Es difícil hablar español.)
❸ Comer es fácil.
(=Es fácil comer.)

Capítulo 19 p. 172

1. ❶ algo
❷ Ni idea.

2. ❶ que
❷ qué
❸ de

3. ❶ (Yo) lo sé.
❷ (Yo) no sé nada.

Capítulo 20 p. 180

1. ❶ conocen
❷ conoce
❸ conocemos

2. ❶ Yo conozco ~~(a)~~ Colombia.
❷ ¿Conoces a Juan?
❸ Conozco a Juan en persona.

3. ①

Capítulo 21 p. 188

1. ❶ vemos
   ❷ veis
   ❸ ven
2. ❶ b
   ❷ a
3. ❶ ¿Qué haces (tú) hoy?
   ❷ (Yo) hago ejercicio todos los días.

Capítulo 22 p. 196

1. ❶ (el) viento
   ❷ (el) frío
   ❸ (el) tiempo
2. ❶ hace
   ❷ Hombre
   ❸ sol
3. ①

Capítulo 23 p. 204

1. ❶ hago
   ❷ salgo
   ❸ valgo
2. ④
3. ❶ Vale.
   ❷ Vale la pena.
   ❸ ¿Cuánto vale?

Capítulo 24 p. 212

1. ❶ (el) autobús
   ❷ (el) tren
   ❸ (el) avión
2. ❶ Vamos ~~(a)~~ caminando.
   ❷ Voy al trabajo mañana.
   ❸ Mi hermano va en tren.
3. ③

Capítulo 25 p. 220

1. ❶ el lunes
   ❷ el viernes
2. ❶ 우리는 다음주에 콜롬비아에 갈 거야.
   (혹은) 우리 다음주에 콜롬비아에 여행 가자.
   ❷ 나는 다음 달에 여행하지 않을 거야.
   ❸ 너는 이번 주말에 뭐 할 거야?
3. ❶ Todo va a salir/ir bien.
   ❷ Vamos a ver.

Capítulo 26 p. 228

1. ❶ el
   ❷ las
   ❸ los
2. ❶ la
   ❷ el
   ❸ los
3. ②

Capítulo 27 p. 236

1. ❶ una
   ❷ unos
   ❸ unas
2. ❶ a
   ❷ b
   ❸ a
3. ❶ Voy a tomar un café.
   ❷ No voy a tomar café.

Capítulo 28 p. 244

1. ❶ qué
   ❷ cuándo
2. ❶ ¿Cuáles son tus maletas?
   ❷ ¿Quiénes son esas chicas/mujeres?
3. ❶ cómo
   ❷ Dónde
   ❸ Por qué

Capítulo 29 p. 252

1. ③
2. ❶ de
   ❷ entre
   ❸ a
   ❹ de
3. ❶ Gracias por tu ayuda.
   ❷ Es difiícil para mí.

Capítulo 30 p. 260

1. ❶ 어디로
   ❷ 누구의
   ❸ 무엇을 위해
2. ❶ De dónde
   ❷ de
3. ❶ ¿Por qué estudias español?
   ❷ Estudio para viajar.

¡OJO! 시원스쿨 스페인어 사이트(spain.siwonschool.com)에서 연습문제 해석·해설 PDF를 무료로 확인해 보세요.

쉬어가기 Quiz 정답

Capítulo 03 p. 045

		❶E									
		S					❸G				
		T		❷M			U				
	❹T	U	R	I	S	T	A				
		D					P				
		I		❺A	C	T	O	R			
		A									
	❻I	N	F	O	R	M	A	C	I	Ó	N
		T									
		E									

Capítulo 08 p. 085

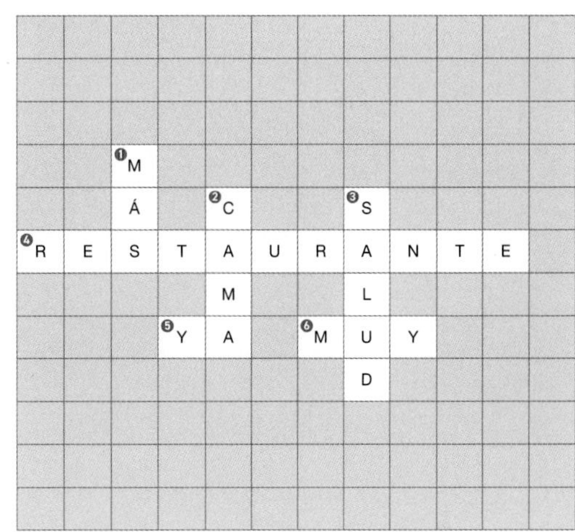

		❶M									
		Á		❷C			❸S				
❹R	E	S	T	A	U	R	A	N	T	E	
				M			L				
			❺Y	A		❻M	U	Y			
							D				

Capítulo 05 p. 061

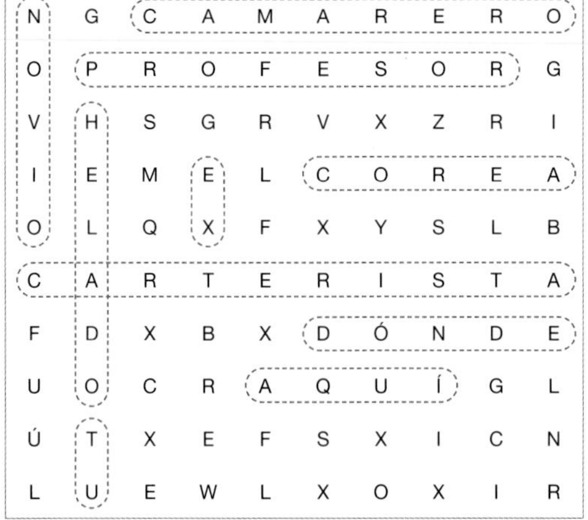

N	G	C	A	M	A	R	E	R	O
O	P	R	O	F	E	S	O	R	G
V	H	S	G	R	V	X	Z	R	I
I	E	M	E	L	C	O	R	E	A
O	L	Q	X	F	X	Y	S	L	B
C	A	R	T	E	R	I	S	T	A
F	D	X	B	X	D	Ó	N	D	E
U	O	C	R	A	Q	U	Í	G	L
Ú	T	X	E	F	S	X	I	C	N
L	U	E	W	L	X	O	X	I	R

1. profesor
2. carterista
3. tu
4. camarero
5. novio
6. Corea
7. helado
8. dónde
9. aquí
10. ex

Capítulo 10 p. 101

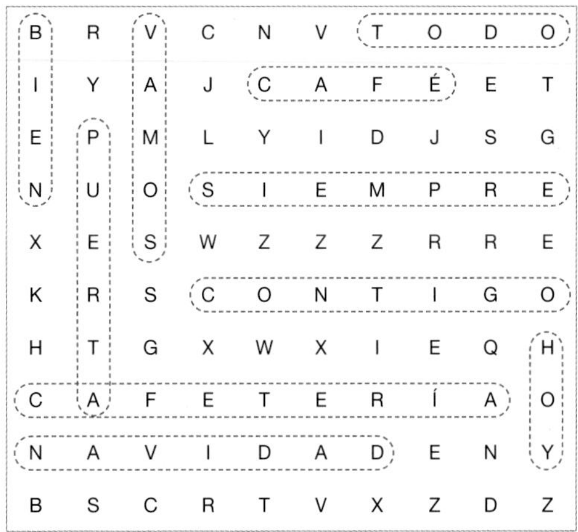

B	R	V	C	N	V	T	O	D	O
I	Y	A	J	C	A	F	É	E	T
E	P	M	L	Y	I	D	J	S	G
N	U	O	S	I	E	M	P	R	E
X	E	S	W	Z	Z	Z	R	R	E
K	R	S	C	O	N	T	I	G	O
H	T	G	X	W	X	I	E	Q	H
C	A	F	E	T	E	R	Í	A	O
N	A	V	I	D	A	D	E	N	Y
B	S	C	R	T	V	X	Z	D	Z

1. Navidad
2. bien
3. todo
4. hoy
5. café
6. cafetería
7. puerta
8. contigo
9. vamos
10. siempre

Capítulo 13

p. 125

			❶B			❷C	H	I	C	O	
			A								
			Ñ		❸LL		❹U	Y			
		❺H	O	T	E	L					
					N						
		❻P	E	R	O						

Capítulo 18

p. 165

	❶M										
	U										
	C			❷Q							
	H		❹S	U							
	Í			I							
	S			É			❸❸S	E	Ú	L	
❺C	I	L	A	N	T	R	O				
	M						L				
	O						O				

Capítulo 15

p. 141

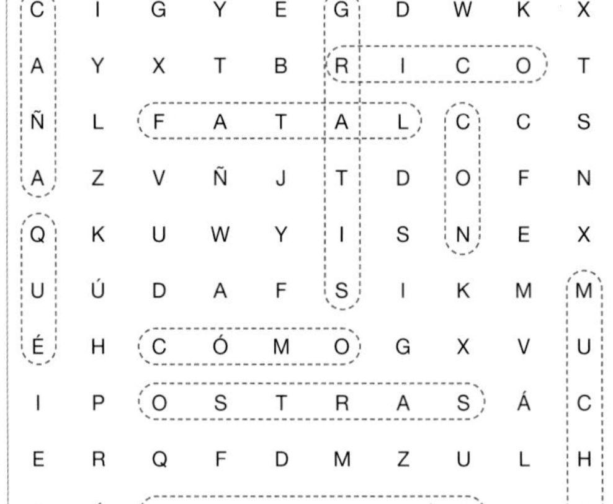
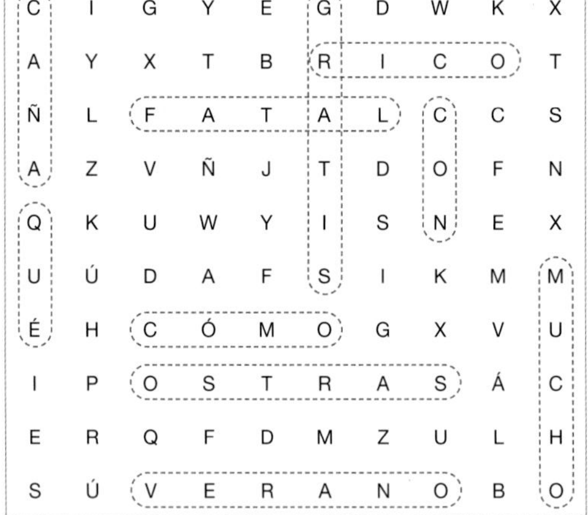

C	I	G	Y	E	G	D	W	K	X
A	Y	X	T	B	R	I	C	O	T
Ñ	L	F	A	T	A	L	C	C	S
A	Z	V	Ñ	J	T	D	O	F	N
Q	K	U	W	Y	I	S	N	E	X
U	Ú	D	A	F	S	I	K	M	M
É	H	C	Ó	M	O	G	X	V	U
I	P	O	S	T	R	A	S	Á	C
E	R	Q	F	D	M	Z	U	L	H
S	Ú	V	E	R	A	N	O	B	O

1. gratis
2. rico
3. cómo
4. mucho
5. ostras
6. fatal
7. verano
8. caña
9. con
10. qué

Capítulo 20

p. 181

R	S	U	E	R	T	E	O	N	E
M	T	F	P	J	Q	N	T	D	Z
C	U	M	P	L	E	A	Ñ	O	S
P	H	E	R	M	A	N	A	D	J
U	W	S	G	Y	LL	E	K	Q	R
E	V	T	A	M	B	I	É	N	K
S	H	N	C	U	I	D	A	D	O
R	P	A	E	LL	A	S	J	U	P
K	J	D	R	M	A	Ñ	A	N	A
P	W	A	O	É	P	A	L	G	O

1. hermana
2. paella
3. pues
4. también
5. mañana
6. cuidado
7. suerte
8. nada
9. algo
10. cumpleaños

Capítulo 23

p. 205

	❶H	A	B	I	T	A	❷C	I	Ó	N	
							U				
							Á				
						❸I	N	G	❹L	É	S
							T		O		
		❺T	I	E	❻M	P	O				
					E						

Capítulo 28

p. 245

			❶U								
			N								
❷C	A	P	I	T	A	L					
			V								
❸I	N	T	E	L	I	G	E	N	T	E	
			R								
		❹E	S	A		❻C					
			I			L					
			D			A					
		❺F	A	M	O	S	O				
			D			E					

Capítulo 25

p. 221

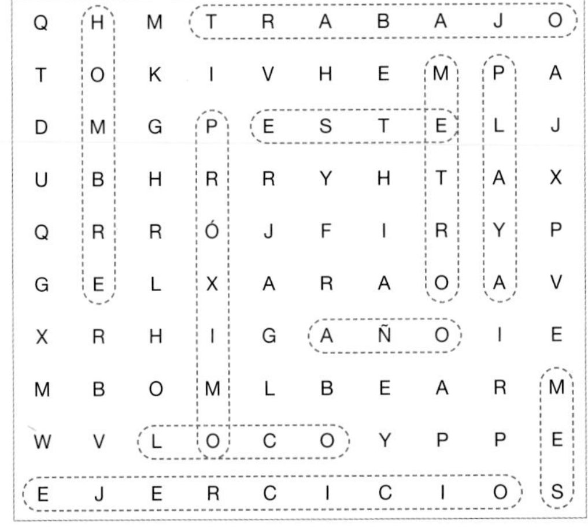

1. ejercicio
2. hombre
3. loco
4. este
5. trabajo
6. metro
7. playa
8. próximo
9. mes
10. año

Capítulo 30

p. 261

M	E	S	A	H	J	B	Y	V	G
U	M	G	B	C	V	X	I	A	A
A	I	LL	E	G	A	R	M	G	K
U	G	Y	F	F	E	Q	A	O	O
G	P	O	R	Q	U	E	L	E	V
C	O	M	I	D	A	P	E	U	O
F	C	O	M	P	A	R	T	I	R
A	M	B	M	M	S	D	A	J	B
A	T	X	L	LL	A	V	E	S	I
S	A	L	A	Y	U	D	A	V	A

1. llave
2. mesa
3. vago
4. llegar
5. porque
6. maleta
7. ayuda
8. sal
9. compartir
10. comida

MEMO

MEMO